효(孝)을 읽는법

이명수 지음

지성문화사

이젠 지름길보다 바른길을 찾을 때입니다

우리 나라는 예로부터 '효(孝)'사상을 중히 여겨 도덕과 윤리를 근본으로 예절을 자랑스런 전통으로 생활화시켜옴으로써 '동방 예의지국'으로 여러 나라들로부터 칭송을 받기에 모자람이 없었습니다.

그러나 최근 급속한 산업화와 국제화, 개방화 등으로 우리 생활 양식과 의식 구조가 극단적인 개인주의에 빠져 모순과 갈등 구조로 공동체 전체를 위협하는 수준에까지 다다라 우리 사회는 인성 말살의 현장이 목격되고, 그로 인해 의식 있는 분들은 우려의 목소리를 높혀가고 있습니다. 사회나 가정에서 윤리가 상실되거나 약화되면 사람의 심성은 각박해져 결과적으로 도덕적 파탄이 따르게 마련입니다.

바르게살기운동 전국 조직에서도 인간성을 되찾고 어른을 공경한다는 윤리적 명제를 실현하기 위해 작은 봉사, 작은 친절 등 작은 실천의 행동 문화를 생활화시키는 메커니즘(Mechanism)을 궁극적인 목표로 도덕성 회복에 두고 있습니다. 이 책《하늘 아래 그 무엇이 높다 하리오》도 바르게살기운동에 부응하여 우리 사회의 뒤틀어진 윤리를 바로 잡기 위하여 효 사상과 미풍양속을 시대에 맞게 재조명했다는데 큰 의미를 찾을 수 있습니다.

이 책은 부모님과 자녀들이 함께 읽을 수 있도록 아주 쉽게 썼고, 부모 은혜와 함께 인간의 근본을 깊이 파헤쳐, 무엇이 진정한 효도인가? 효도하는 마음과 자세 등을 이야기 형식으로 구성했기 때문에 진한 감동을 받을 수 있습니다.

또한 효와 관련된 시조 풀이, 삽화, 명구, 명언 등을 수록하여 효 사상을 일목요연하게 알아볼 수 있고 '효'는 백행의 원천임을 다시 확인시켜 주는 길잡이가 될 것입니다.

김 동 수
바르게살기운동중앙협의회 회장

한 권의 필독서로 호응되어 인간성 회복의 자극제가 되길……

　지난날 우리의 전통 사회에서는 예의를 사람된 도리의 근본
으로 삼아 지켜왔습니다. 그래서 예의염치(禮義廉恥), 즉 예
절과 의리와 청렴, 부끄러움을 알고 지켜야만 비로소 사람 대
접을 받을 수 있었습니다.
　사람에게 예의가 중요한 이유는, 사람은 누구나 귀한 존재이
기 때문입니다. 여기에는 어느 한 사람 예외가 있을 수는 없습
니다. 타인으로부터 존중을 받으면 자존심이 흡족하고, 홀대
를 당하면 감정을 상하는 것이 인지상정입니다. 내가 다른 사
람에게 존중받기를 원하는 것처럼, 나도 다른 사람을 존중해
주려는 마음이 곧 예의입니다.
　《예기·禮記》에 이르기를 '사람이 예의가 바르면 몸과 마음
이 편안하고, 예의가 바르지 못하면 불안하다. 그러기에 예법
을 배워야 한다'고 했습니다.
　모름지기 사람을 존중할 줄 아는 사람이 존중을 받을 수 있으
며, 예의염치를 지키는 사람이 분별있는 대접을 받을 수 있는
것입니다.
　예의는 사람을 사람답게 만드는 가장 중요한 덕목이라는 사
실에 이론(異論)의 여지가 없습니다. 그리고 그 뿌리는 '효
(孝)'로 부터 비롯되는 것입니다.
　일찍이 공자께서 말씀하시기를 '어버이를 공경하는 것은 덕

의 근본이며, 모든 가르침이 생겨나는 근본'이라고 하였습니다.

그렇습니다. 진실로 효도하고서 어질지 않는 사람이 없고, 효도하고서 의롭지 않은 사람이 없으며, 효도하고서 예절과 도덕을 모르는 사람은 없습니다.

근래에 들어 우려할만한 사건 사고들이 꼬리에 꼬리를 물고 있습니다. 근원을 파고들면 여러 가지 원인이 있겠지만, 그 중에서도 가장 중요한 원인은 '효 사상(孝思想)'을 비롯한 우리의 미풍 양속을 잃어버렸기 때문이라 생각합니다.

이러한 때에 인간성 회복을 위한 **내용**의 책이 발간되니 참으로 기쁨을 감출 수가 없습니다. 아무쪼록 이 책이 한 권의 필독서로 호응되어 인간성 회복의 자극제가 되어줄 것을 바라마지 않습니다.

최 근 덕
성균관 관장

발행을 축하드리며

최근에 일어나는 여러 일들을 접하면서 경악을 금치 못한다기 보다는, 어떤 일에 대해서 무방비 상태일 수밖에 없는 우리의 현(現)사회 구조가 너무나도 아쉽고 무엇을 어디에서부터 그 실마리를 찾아서 치유해야 할는지 참으로 모를 따름입니다.

얼마 전 미국의 한 법정에서는 어느 슈퍼마켓 주인에게 주(洲)연방 법정은 간접 살인죄를 적용한 무거운 형량을 내렸습니다.

그 사건은 어느 10대의 한 소년이 술에 만취가 되어 하이웨이를 달리다가 교각을 들이받아 그 10대 소년은 그 자리에서 즉사를 했습니다.

경찰은 그 차안에 있던 술병을 증거물로 채택하고, 죽은 10대 소년의 부모는 미성년자에게 술을 판 슈퍼마켓 주인을 상대로 소송을 걸었습니다. 결국은 담당판사에게 준살인죄라는 엄청난 사건으로 승소를 받아냈는데, 미국의 이런 판결을 볼 때 우리의 사회적 분위기로는 조금 무리가 있다고 생각이 들지는 모르겠습니다만, 어떤 문제 해결에 대한 예방적이고도 그 근원을 뿌리 뽑겠다고 하는 아주 강한 의지가 내포된 판결을 볼 때 정말 성숙된 사회 분위기라는 것을 쉽사리 느낄 수 있었습니다.

우리의 사회가 병들어 있다는 진단에 모두들 일치하고 있는 이때에 가정·학교·사회 교육이 삼위 일체가 되어 가치관을 바로잡아야 한다는 공론의 그 실마리를 '효(孝)'로 잡아서 필자가 뚜렷한 사명감을 갖고 집필한 이 책의 발행을 진심으로 축하드립니다. 이제는 현안들에 대한 치유보다는 어떤 본질에 대한 대책과 방안이 강구되어야 한다는 차원에서 바로 이 '효'에 대한 재조명은 참뜻이 있다고 봅니다.

인간성 회복을 목적으로 출간되는 이 책이 학교나 가정에서 선생님도 부모님도, 도외시되지 않는 귀중한 책으로 자리를 잡아야겠다는 생각을 합니다.

최영한(예명 : 최불암)
국회의원, 탤런트

인간에 대한 예의를 갖춘 사람이 존경받는 사회를 위하여
부모와 자녀가 함께 읽어야 할 책!

사람이 짐승과 다른 것은 도덕과 예의를 알기 때문이다. 은혜에 보은할 줄 알기 때문이다.

사람은 세상의 숱한 은혜에 힘입어 살고 있지만, 어떠한 것도 부모의 은혜보다 우선하는 것은 없다. 자식을 낳고 성장시키기까지의 그 크나큰 사랑과 희생을 어찌 필설로 다 형언할 수 있겠는가!

부모의 은혜를 알고 보은하려는 마음을 갖는 것이 인간의 기본 조건이다. 인간은 여기로부터 출발하여 온갖 선행을 배우고 베풀게 된다.

그런데 근래에 들어 인간이기를 포기하는 엽기적인 사건들이 꼬리에 꼬리를 물고 있어 우리의 가슴을 아프게 하고 멍들게 한다. 모두 가장 기본적인 인간의 조건, 즉 '효(孝)의 정신'을 잃어버렸기 때문이다. 제 부모에게 효도하지 못한 사람이 어찌 도덕과 예의를 알고 은혜를 알겠는가!

참담한 슬픔이 물결치는 이러한 때에 인간성 회복을 위한 이런 책이 출간됨을 진심으로 축하드린다. 오늘날의 혼탁한 풍조를 정화하고 가정과 사회를 바로잡는데에 크게 기여할 것으로 믿어 의심치 않는다.

하유상
작가

밝은 세상, 아름다운 사람을 그리며……
─ 먼저 사람이 되자, 먼저 사람을 만들자 ─

사람이 무섭다.

정말 사람이 무서운 세상이 되어 버렸다. 근래에 들어 우리 사회는 인성(人性) 말살의 현장을 지겹도록 목격한다. 차마 글에다 옮기기에도 끔찍한 엽기적 사건들, 섬쩍지근한 동물 냄새가 풀풀 풍기는 그런 사건들이 다반사로 일어나고 있다.

세상에 어느 동물이 그렇게 잔인할 수 있단 말인가!

인간이란 그렇게도 타락할 수 있는 것일까!

인성이 이 지경에까지 이른 원인을 어디에서 찾을 것인가!

그 원인을 한마디로 말하자면 '돈', 즉 돈이 지상 최고의 가치로 인정되는 사회와 제도 때문이다. 돈이 흡사 '신(神)'처럼 무소 불위의 권능을 발휘하다 보니, 돈을 손에 넣기 위하여 사람들은 온갖 수단 방법을 가리지 않게 되었다.

29세밖에 안 된 9급 여직원이 10억대의 세금을 가로채 흥청망청 사는 모습을 보노라면, 부정과 불법으로 추악하게 돈을 긁어 모아 떵떵거리고 살고 있는 다른 사람들의 모습을 보고 있노라면, 정말 정직한 사람만 억울하다는 생각이 절로 든다.

아무런 노력도 없이 부모로부터 막대한 부를 세습받은 부유층 젊은이들의 사치와 허영, 극단적인 이기주의를 피부로 느끼노라면 자연 위화감이나 박탈감이 밀려들어 가슴을 몹시도 시리게 한다.

살인 공장을 차린 '지존파 일당'의 끔찍한 범행이 있은 후, 범인들이 '야타족을 죽이지 못한 것이 한이 된다'며 그토록 저주했던 이른바 '야타족'들을 모 방송사에서 취재한 내용이 방송되었다.

　20대 초반으로 보이는 새파란 젊은이는 보통 사람으로서는 감히 엄두도 낼 수 없는 최고급 승용차를 타고 있었다. 범인들이 내뱉은 저주의 말을 어떻게 생각하느냐는 기자의 질문에 그 젊은이는 불만스런 표정으로 거침없이 말했다.

　"부모를 잘못 만난 것은 저희들 운명이고 복이다. 복이 없으면 복없는 대로 조용히 살 일이지 왜 우리를 걸고 넘어지는지 모르겠다."

　그들은 한결같이 불만을 토로했다. 민주 사회에서 내 돈 내가 쓰는데 웬 말들이 그렇게 많으냐, 하는 태도였다.

　부정과 불법 등 비정상적인 방법에 의하여 부를 축적한 졸부들은 그 사고 방식이나 문화도 부도덕할 수밖에 없다. 상대방 입장을 전혀 배려하지 않으며, 오히려 천박한 과시용 소비를 자랑으로 여기면서 뽐내고 있는 것이다.

　문제는 일부 몰지각한 천민 사치·졸부 소비가 일반 대중에게 지독한 상처를 입힌다는데 있다.

　그들의 천박한 행태는 정직하게 살아가는 사람들을 절망시킨다. 무력감에 빠지게 만든다. 제발 그런 꼴만 안 보았으면 한 결 살맛이 나겠다고 생각한다.

특히 소외 계층의 의식을 왜곡하고 복수심을 불러 일으킬 정도로 인성을 오염시킨 것이다.

근본이 천한 졸부 집단은 썩은 사과에 비유할 수 있다. 한 개의 썩은 사과는 상자 속의 모든 사과를 급속도로 썩게 만드는 독성을 지니고 있다는 것을 모르는 사람은 없을 것이다.

썩은 사과를 골라내지 않고서 다른 사과가 온전하기를 바란다는 것은 얼토당토않은 희망 사항에 불과하다.

썩은 사과는 마땅히 골라내야 한다. 썩은 이를 뽑아내듯, 뒤틀리고 토라진 놈, 부정으로 치부한 놈, 거짓으로 눈 가리며 아웅하는 놈들에 대해서는 대대적인 교정(矯正)을 봐야 한다.

사회 정의란 추상 같은 법질서의 확립과 철두철미한 분배 정의에 의해서만 이룩될 수 있다. 법에 예외가 작용되고, 부정으로 치부한 자들이 계속 활개치고 사는 한 사회 정의는 요원하며, 인성 말살의 사건은 꼬리에 꼬리를 물고 일어날 것이다.

큰 사건이 터질 때마다 결과를 놓고 설왕설래, 갑론을박, 탁상 공론, 이러쿵저러쿵 말도 많다가 슬그머니 덮어져버리는 가운데 더 큰 사건이 잉태되고 있는 것이다.

왜 이러한 비극이 계속되는 것일까?

원인은 썩은 곳을 철저히 수술하지 못했기 때문이다. 사회를 이끌어 가는 지도층 및 가진 자들의 철학에 근본적인 문제가 있기 때문이다.

　가진 자에게는 가진 자가 지켜야 할 윤리가 있다. 그것은 사랑과 봉사, 정직과 겸손, 근검과 절약이다. 자신과 반대편에 있는 사람을 생각해 주는 마음이 무엇보다 중요한 것이다.

　지도층과 가진 자들의 추악한 비리가 잇달을 때마다 일반 대중은 무력감에 빠지게 된다. 치를 떨며 분노를 해 보았자 아무 소용이 없다는 것을 체험을 통하여 알고 있기 때문이다. 비리를 저지른 자들은 여전히 권력과 부를 거머쥐고 있는 현실, 그 현실을 보통 사람이 어떻게 바로잡을 수 있단 말인가!

　계란으로 바위치기란 것을 알기에 애써 망각에 빠지려는 심리를 갖게 되는 것이다.

　이런 이유에서 절대 윗물부터 맑아야 한다. 법 앞에 만인이 평등하며, 잘못을 하면 통치자라도 그 죄값을 톡톡히 치루게 된다는 사실을 백일하에 드러냄으로써 사회의 기강을 세워야 한다.

　작금 모든 언론 매체에서 한국 사회가 병들어 있다는 진단에 일치하고 있다. 또한 원인과 처방으로 강조된 항목에도 의견을 같이하고 있다.

가정 교육·학교 교육·사회 교육이 삼위 일체가 되어 가치관을 바로잡아야 한다는 것이 공론(公論)이다.

내 자식은 내가 책임을 져야 한다. 가정에서 사랑과 윤리와 도덕을 가르쳐야만 한다.

가정 교육이 서기 위해서는, 경쟁에서 이겨 생존하는 것만이 최우선 가치관으로 가르쳐온 학교 교육이 개선되어야만 한다. 입시 기계로서의 인간 불량품이 아니라 '인간의 도리'를 아는 참다운 인재들을 길러내야 한다.

사회에 절대 필요한 참다운 인재들을 기르는 학교 교육이 바로 서기 위해서는 사회 교육이 바로 서야 한다. 정당한 사람, 노력하는 사람, 인간에 대한 예절을 갖춘 사람이 우대받는 터전이 마련되어야 한다.

결론은 정의 사회의 구현으로 귀결된다. 사회 정의가 실현되지 않고서는 아무리 가정과 학교 교육을 떠들어도 공염불이 되고 만다.

우리 사회의 뒤틀어진 윤리와 도덕성을 회복하기 위해서는 지속적인 사회 정화와 바람직한 교육이 병행되어야만 한다. 이와 함께 가족의 재발견에 의하여 무너지고 있는 공동체를 다시금 복구하는 노력을 아끼지 말아야 한다.

공자는 효(孝)를 만덕(萬德)의 근원이요, 백행(百行)의 원천이라고 했다. 이 진리의 말씀은 시대가 아무리 변해도 변함이 없을 것이다. 부모를 공경하는 자는 감히 남을 미워하지 못하고, 남을 업신여기지 못하고, 함부로 경거 망동하지 못하는 것은 당연하다.

진실로 효도하고서 어질지 않는 사람이 없고, 효도하고서 의롭지 않는 사람이 없으며, 효도하고서 예의와 신의가 없는 사람은 없는 것이다.

사회가 건강해 지기 위해서는 전통의 효 사상을 비롯하여 미풍 양속을 되찾는 것이 시급하다. 이 책의 집필 동기는 여기에서 비롯되었다.

이 책은 무턱대고 효도만을 강조하지 않는다. 부모를 살해하거나 구타하는 등의 패륜아가 생기게 된 원인을 먼저 분석하여 부모된 사람의 자세를 돌아보도록 하였다. 부모가 자식을 패륜아로 길러놓고 왜 불효를 하느냐, 왜 저밖에 모르는 이기주의자가 되었느냐고 한탄하는 경우는 없어야겠다는 이유에서이다.

둘째로 부모의 하늘 같은 은혜를 밝히고자 노력했다. 불효자가 많은 것은 부모의 은혜를 깊이 알지 못하는 까닭에서 연유되기 때문이다.

부모의 은혜와 함께 '인간의 근본'을 생각하도록 했다. '나는 누구인가!'하는 물음을 통해서만 건전한 자기 철학을 확립할 수 있기 때문이다.

셋째로 세상을 이끌어온 종교와 사상, 곧 기독교·불교·유교·유대교·이슬람교 및 민족 계열 종교 속의 '효 사상(孝思想)'을 고찰했다. 우리 국민의 과반수 이상이 종교인임에도 불구하고 종교가 종교의 역할을 다 하고 있지 못하다고 생각했기 때문이다. 사실 종교인 한 사람이 한 사람씩만 교화를 했다면 우리 사회는 벌써 살기 좋은 사회가 됐을 것이다.

넷째로 현실에 맞는 새로운 질서가 필연적임을 말하고 있다. 세계는 우리에게 급속한 변화와 변신을 요구하고 있는데, 우리만 낡은 가치관에 얽매여 있는 것은 문제가 있기 때문이다. 부모도 개체적인 존재로서의 성숙된 의식이 절대 필요하고, 자식도 부모의 희생만을 기대하는 사고에서 탈피해야 하는 것이다.

다섯째, 무엇이 진정한 효도인가에 대하여 말하고 있다. 효도하는 마음과 자세 등을 동서 고금에서 발췌한 감동적인 이야기를 통하여 소개하였다.

그리고 본문 곳곳에 효와 관련된 시조 및 삽화, 명구·명언 등을 수록했다. 이 책의 내용을 깊이 되새김과 동시에 피곤한 눈을 식히라는 배려에서 이다.

필자는 이 책을 뚜렷한 사명감을 갖고 집필했다. 부모님과 자녀들이 함께 읽을 수 있도록 아주 쉽게 쓰려고 노력했으며, 읽고나면 반드시 다른 사람에게도 권하게 되는 책을 만들려고 '열(熱)'과 '성(誠)'을 다했다. 그러나 그런 내용을 담지 못한 것은 전적으로 필자의 부족한 소양 탓이며, 이 점에 대하여 독자의 격려와 질책을 바란다.

아무쪼록 이 책이 널리 읽혀져 인간성 회복의 자극제가 되어줄 것을 바라마지 않는다.

지은이 씀

차례

제4장 · 위대한 가르침 속의 孝

제5장 · 孝 이야기

차례

◀ 孝 시조 ▶

1

사람이 귀하다 함은

패륜아가 판을 치는 비정한 사회
무엇이 문제인가
─인간성 회복을 위한 그 대안을 찾자─

　'효(孝)'를 이야기하면 신세대들은 케케묵은 소리라고 일축한다. 지금이 어느 시대인데 그따위 골동품 같은 말을 하느냐고 비웃는다.

　언제부터인지 모르지만 케케묵은 골동품이 되어 버린 효, 그와 함께 언제부터인지 모르지만 인간의 아름답고 착한 마음도 골동품이 되어 버렸다. 병들어 버렸다. 아주 몹쓸게 변해 버렸다.

　착한 사람을 보면 요즘 사람 아니라고 흔히들 말한다. 효자 효부의 이야기를 들으면 마치 낯선 나라의 이야기를 듣는 것처럼 현실성이 없어 보인다.

　요즘 사람, 곧 현대인의 조건은 무엇일까? 착한 마음을 가지고 있어서는 안된다는 것일까? 비정하고 무정한 인간이 되어

26

야 현대를 살아가기에 적합하다는 이야기인가……!

영악하고 약삭빠른 사람들이 살아가는 사회에서의 선량한 사람은 피해를 당하게 마련이다. 양보심이 있고 질서를 잘 지키는 사람들, 법질서와 도덕률에 따라 순리대로 살아가는 사람들은 편법과 무질서를 몸에 익힌 이기주의자들에 의하여 희생을 당한다.

이기주의(egoism)는 본질적으로 비정하다. 남이나 사회 일반을 돌아보지 않고 자기만의 이익이나 행복을 추구하는 사고 방식을 갖기 때문에 비정해 지는 것이다.

대체로 이기주의자들은 절제심이 없고 공중 도덕에 둔감하며 저 좋은 대로만 행동한다. 자신만 편하고 좋으면 다른 사람이야 죽든 살든 상관하지 않는다.

이기주의자들은 교활하다. 그들은 다른 사람들이 자기와는 똑같지 않다는 것을 암암리에 전제하고 있다. 사람들의 선량한 마음씨를 염두에 두고 이기심을 발휘하는 영악함이 있는 것이다. 만약에 모든 사람이 이기적이라고 한다면, 그의 이기주의도 성립될 수 없다.

가장 비근한 예로 사람들이 줄을 지어 버스나 전철을 기다리고 있을 때를 생각해 보자. 이기주의자들은 슬쩍 새치기를 한다. 이런 경우의 대부분은 자리를 잡기 위해서이다. 그의 새치기로 인하여 줄을 서 있던 다른 한 사람이 자리를 잡지 못한다. 다른 한 사람이 만약 당신이고 먼길을 가야한다면, 당신 몫의 자리를 이기주의자에게 날치기당했기 때문에 상당 시간 고통을 감수해야 하는 것이다.

이기주의자들이 나쁜 것은 그가 다른 사람에게 정신적, 물질적으로 피해를 입히기 때문이다. 얼마 전 미군 부대 쓰레기통에

버려진 고기를 수거하여 식당에 납품한 업자가 구속된 적이 있다. 돈을 벌기 위하여 식당을 이용하는 수많은 사람들에게 썩은 고기를 사 먹도록 만든 것이다. 불특정 다수가 몇몇 사람의 이기심 때문에 돈을 내고 돼지의 먹이로나 사용될 썩은 고기를 사서 먹은 것이다.

입장을 바꿔 그들이, 생각만 하여도 구역질이 치미는, 썩은 고기를 사서 먹었을 경우라면 어떻게 되었을까를 생각해 보자. 아마 모르기는 해도 펄펄 뛰며 '천벌을 받을 놈들'이라고 입에 침을 튀기며 분개했을 것이다.

천벌을 받을 행동을 서슴없이 하는 자들이 이기주의자들이다.

이기주의자는 '썩은 사과'에 비유할 수 있다. 상자 속에 썩은 사과가 한 개 있을 때, 그 썩은 사과를 골라내지 않으면 조만간 그 상자 속의 사과를 모두 썩게 만들어 버린다.

결코 이 비유가 과장된 것은 아니다. 몰상식하고 몰염치하고 몰지각한 사람들에게 크고 작은 피해를 당한 사람들은, 그런 경우가 몇 번이고 반복될 때, 인간을 불신하게 된다. 미워하고 증오하게 된다. 인간이 인간을 불신하고 증오하게 될 때 선량한 사람도 무정해 지고 비정해 지는 것이다.

무정한 사회, 비정한 사회에서의 다정한 사람은 곧잘 무능력자의 낙인이 찍힌다. 바보라는 소리를 듣는다. 오죽 못났으면 남에게 이용을 당하느냐고, 그 선량함을 질책당하는 것이다.

무능력자의 낙인이 찍히지 않으려면 남에게 당하지 않아야만 된다. 당하지 않는 방법은 스스로 이기주의자가 되는 수밖에 없다. 이기주의자에게 이기주의는 통하지 않기 때문이다. 그래서 이기주의가 이기주의를 부르고, 사회는 나날이 각박해 지는 것이다.

각박한 세상에서는 인간의 양식에 기대할 수 없게 된다. 모든 분야에서 아미노 현상이 일며, 제몫 챙기기에 급급해 지는 것이다. '아미노'라는 말의 어원은 '법이 없다'이다.

법이 없는 사회, 곧 무법의 사회에서는 힘있는 자가 힘없는 자 위에서 군림한다. 철저히 약육강식이 통용되는 동물의 세계가 진행되는 것이다.

《이솝 우화》에 이런 이야기가 나온다.

사자와 당나귀와 여우는 서로 의형제를 맺고 친하게 지내기로 하고서 힘을 합하여 많은 먹이를 잡았다.

사자는 그 먹이를 당나귀에게 공평히 분배하도록 했다. 당나귀는 땀을 뻘뻘 흘리면서 간신히 세 무더기로 만들었다. 누가 보더라도 공평한 분배였다.

"자, 각자 한 무더기씩 마음에 드는 대로 가집시다."

당나귀의 이 말이 끝나기가 무섭게 사자는 벼락같이 성을 내며 당나귀를 갈기갈기 찢어 죽이고 말았다. 그러고는 다시 여우더러 공평하게 나누라고 하였다.

여우는 조그마한 토끼다리 하나를 자기 앞에 남기고는 다른 고기들을 모두 한군데로 모아 큰 무더기를 만들었다. 그러고서 그것을 사자의 몫으로 돌렸다.

사자는 기분이 좋아서 말했다.

"너는 참 먹이를 공평하게 가르는 법을 배웠구나. 누가 그런 예의를 가르쳐 주더냐?"

여우가 대답했다.

"방금 전에 미련한 당나귀가 가르쳐 주었습니다."

이야기의 뜻은 '힘이 곧 법'이라는 뜻이다.

힘이 곧 법인 사회, 슬프게도 우리는 오랜 세월 그런 사회에서 살아 왔다. 법은 있었지만 그 법을 지켜야 할 사람은 단지 힘없는 사람들이었다. 힘있는 사람들은 아무리 추악한 범죄를 저지르고도 권력과 부귀를 고스란히 유지하면서 큰소리 떵떵 치며 살았던 것이다.

우리 사회의 불행은 그로부터 시작되었다. 윗물에 사는 못된 미꾸라지들이 물을 망쳐놓으면 아래에 사는 물고기들은 싫어도 오염된 물속에서 살아야만 했던 것이다.

지난날 이 나라를 좌지우지했던 통치자들의 정치 철학은 한심스러우리만치 빈곤했다. 스스로 악을 조장하여 국민들의 마음을 병들게 했고, 그 병든 마음을 치유할 의사마저 양성할 수 없는 풍토를 조성했다.

국가의 백년 대계인 교육을 망쳐놓음으로써 구원(救援)의 길마저 차단해 버린 것이다.

위에서 망쳐놓은 흙탕물 속에서 신음하지 않으려면 스스로 윗물로 자리를 옮겨 가야만 했다. 구차한 삶, 억울한 삶을 살지 않으려면 기를 쓰고, 불에 눈을 켜고, 수단과 방법을 가리지 않고 신분 상승을 꾀해야 했던 것이다.

경쟁만을 강조하는 상황에 길들여진 신세대들이 이기주의자로 성장한 것은 오히려 당연한 결과라고 할 수 있다. 왜곡된 교육의 깃발 아래 공부만 잘하는 학생들을 만들었던 결과가, 지금 우리가 피부로 느끼고 있는 이 사회이다.

전통적인 가정 교육의 방식이 무작정 구시대적인 산물이라며 부정적인 시각에서 매도한 결과가 어떻게 나타나는가를 우리는 오늘날 직접 눈으로 보고 몸으로 당하고 있다.

누가 뭐라고 해도 신세대들이 나쁜 버릇을 가지게 된 것은 성인들의 영향력 때문이다. 엄밀히 따져서 비윤리, 부도덕, 무책임한 젊은이들은 기성 세대들의 희생물인 것이다.

하루가 멀다하고 신문의 사회면에 슬프고 우울한 사건들이 보도되어 우리를 한없이 울적하고 처연한 심사에 빠져들게 한다.

마침내 도박 빚 청산과 유흥비 마련을 위해 끔찍한 방법으로 부모를 죽인 패륜아가 등장했고, 자식에게 맞고 사는 부모는 비일비재하다는 통계가 드러났다. 기동조차 못한 늙은 부모를 제주도나 온천장에 내다 버리고, 기도원이나 양로원에 강제 입원시켜 놓고 그 틈에 집을 옮기는 패륜아들이 증가하고 있다. 그뿐인가. 부모님께 부양비를 청구하여 재판에 계류하는 전인 미답한 사건까지 생겼다.

소름끼치는 잔혹성, 사악한 방법은 인간의 상상력을 초월한다. '어느 짐승이 그토록 추악할 수 있단 말인가!', '어쩌다 이 지경이 됐느냐!'라고 혀를 차지만, 그 씨를 다름아닌 기성 세대들이 뿌렸던 것이다. 나쁜 씨를 뿌렸으니 가슴을 칠 현상에 당면하는 것은 필연적인 결과이리라.

세상에는 어김없이 종두 득두(種豆得豆)의 철리가 적용된다. 콩을 심었으면 정확히 콩을 수확하게 된다. 악(惡)을 심어놓고 선(善)을 수확하려 든다면 미친 사람 내지 정신 이상자란 소리를 면키 어렵다.

일이 잘못된 후에 토해내는 개탄의 소리는 허무하다. 무턱대고 개탄의 소리만을 드높이는 것은 무책임하다. '잘못됐다, 큰일났다, 이래서는 안된다'라고 떠들어댄다고 해서 잘못되고 큰일난 것이 쉽게 바로잡아지지는 않는다.

개탄하기에 앞서 뼈를 깎고 살을 도려내는 기성 세대의 반성이 선행되어야 한다. 비판만 하지 말고 바람직한 대안(代案) 제시가 수반되어야 한다.

그래야만 구원(救援)이 가능하다. 구원이란 잃어버린 위치와 상태를 다시 회복하는 것이다. 물에 빠진 사람을 구원한다는 것은 곧 물에 빠지기 전의 상태로 회복시킨다는 뜻이요, 병든자를 구원한다는 것은 병들기 전의 상태를 복귀시킨다는 것이다.

전통의 '효 사상(孝思想)'을 비롯하여 미풍 양속, 윤리 도덕이 케케묵은 낡은 가치관으로 교육되고, 통용되는 이상 구원은 요원하다.

이제 우리는 새롭게 출발하여야 한다. 온고지신(溫故知新)의 정신으로 건전한 가치관 확립에 총력을 다하여야 한다. 정직하고 성실한 사람, 묵묵히 일하는 보통 사람이 잘사는 사회가 복지 사회이며, 그런 사회의 형성 요건은 먼저 공정한 법질서 확립에 있다.

도덕 불감증에 걸려 있는 지도층으로부터 과감히 수술시켜야 한다. 썩은 곳은 도려내고, 곪은 곳은 터뜨리고, 구린 곳은 백일하에 드러내어 그 죄질에 따라 엄중히 심판되어야 한다.

법질서가 바로잡혀지지 않는 이상 그 사회에 만연된 불법과 탈법, 무질서와 부도덕한 현상을 어떤 방법으로도 치유시킬 수 없다. 근원은 덮어둔 채 드러난 결과만을 임시 변통으로 어물쩍해서 넘기면 악순환이 계속되는 것은 당연하다.

둘째는 교육이 바로 서야 산다. 교육을 통하여, 우주(宇宙)의 깊은 차원에서 인간 본연의 질서를 찾아야 하는 것이다. 문명이 발달하는 것은 인간을 위해서인데, 그 문명의 이기에 인간이 곧 잘 희생되는 것은 전인 교육의 부재가 그 원인인 것이다.

모름지기 인간은 인간으로서의 본질인 '선(善)'을 배우는 것부터 시작해야 한다. 선행은 교육을 통하여 습관을 들게 함으로써 행할 수 있게 되고, 이기주의 또한 습관의 산물이기 때문이다.

　세상에 자녀가 나쁜 버릇을 가지기를 바라는 부모는 아무도 없을 것이다. 그러나 나쁜 버릇을 가진 부모가 세상에 많다는 것은 비극이 아닐 수 없다.

사람이 귀하다 함은

세상에는 못된 버릇을 가진 사람이 있는 반면에 묵묵히 선행을 행하는 사람도 많다. 제 부모를 버린 개망나니가 있는가 하면, 버림받은 그 노인을 스스로 거두어 부양하는 사람도 적지 않다. 기를 쓰고 환경을 오염시키거나 파괴하는 사람이 있는 반면, 오염된 환경을 되살려보려고 눈물겨운 노력을 쏟는 손길들도 많다.

세상은 묵묵히 선행을 행하는 사람들에 의하여 유지되고 발전된다. 또한 세상이 아름다운 것은 사회 속에 선량하고도 올바른 정신을 가진 사람들이 섞여 있기 때문이다. 인간답지 못한 인간들과의 관계에서 지치고 실망하여 비관을 품다가도 '좋은 사람들'때문에 다시 희망을 품게 된다.

필자의 졸저《깨달음을 얻은 바보》에〈사람의 머리가 귀하다

34

함은〉이라는 제목의 우화를 쓴 적이 있다.

옛날 인도에 아주 겸손한 왕이 있었다. 온 나라를 지배하는 왕의 신분이었지만 누구에게나 공손히 머리를 숙였다.

권위를 내세우는 몇몇 신하들은 왕의 그러한 겸손에 불만이 많았다. 그 중 한 신하가 어느 날 왕에게 간(諫)했다.

"사람의 신체 중 가장 귀한 것은 머리입니다. 더구나 폐하께서는 나라에서 가장 귀하신 몸인데 머리를 함부로 숙이시는 것은 크게 잘못된 일입니다. 왜냐하면 폐하께서 머리 숙이시는 것을 신하들이나 백성들 입장에서 보면 인사를 받는 것이 아니라 도리어 불편함을 느끼게 되기 때문입니다."

이 말을 들은 왕은 아무 말도 하지 않았다. 따라서 권위주의 신하들은 앞으로 왕이 머리를 숙이는 일이 없으리라고 생각했다.

며칠이 지난 후에 왕은 머리를 숙이지 말라고 말했던 신하를 불러 말 해골과 고양이 해골, 그리고 사람의 해골을 주며,

"이것을 궁 밖으로 가지고 가서 팔아 오시오."
하고 명령했다.

왕의 명령을 받은 신하는 세 가지의 해골을 들고 왕궁을 나섰다. 온종일 발이 부르트도록 민가를 돌아다니며 설득을 해도 선뜻 사겠다고 나서는 사람이 없었다.

그런데 해질 무렵에 어떤 집에서 고양이 해골을 샀다. 정월 초하룻날 고양이 해골을 사면 쥐가 없어진다는 이유에서였다.

고양이 해골을 팔고 얼마를 가려니까, 어떤 농부가 이번에는 말 해골을 샀다. 그것을 문에 달아두면 그해 병이 없어진다는 이유에서였다.

사람들의 머리가 귀하다 함은 착한 일을 하고 예의가 바르기 때문이다. 만일 그것이 없다면 고양이나 말대가리보다 못하다.

그렇게 하여 두 가지를 팔았다. 그러나 사람의 해골은 누구도 거들떠보지도 않았다. 아무리 사라고 목청껏 소리쳐도 소용없었다.

밤이 이슥해 지자 신하는 지친 몸을 이끌고 왕궁으로 돌아왔다. 팔리지 않은 사람의 해골을 쟁반에 받쳐들고 왕에게 나아가 아뢰었다.

"고양이와 말의 해골은 팔았지만 사람의 해골만은 도저히 팔 수 없었습니다. 그 누구도 거들떠보지 않을 뿐만 아니라 오히려 신(臣)을 미친놈이라고 비웃었습니다."

이때 왕은 빙그레 웃으면서,

"그대가 얼마 전에 나에게 말하기를, 사람의 머리가 제일 귀중하다고 했지 않았는가? 그런데 지금 보니 말이나 고양이만도 못하지 않은가?"

하고 말한 후에 타이르듯이 다시 말을 이었다.

"사람들의 머리가 귀하다 함은 착한 일을 하고 예의가 바르기 때문이오. 만일 그것이 없다면 고양이나 말대가리보다 못하다는 것을 오늘 그대가 실제로 체험한 것이오."

　사람이 귀하게 되는 것은, 악을 멀리하고 선을 가까이 하려는 의지가 있으며, 예절을 알고 사랑을 베풀줄 알기 때문이다. 타인의 입장에 서서 이쪽의 마음을 헤아려 줄 수 있는 관용과 경우 바름이 있기 때문이다. 이러한 덕성을 갖춘 사람이야말로 '삶의 뚜렷한 의미'를 알고 있는 사람이라 할 수 있다.

　"인간은 무엇 때문에 사는가!"

　"나는 누구이며, 왜 사는가!"

　인간은 이런 철학적 명제를 묻고 답을 찾음으로써 진정한 삶의 의미를 깨닫게 된다.

사람은
자기 자신의 근본을 알아야 한다

나는 누구인가 !

성은 이(李), 이름은 명수(明洙)라는 한국 사람이다.

나는 왜 수많은 나라 중에서 이 땅에 태어났고, 수많은 성씨 중에서 이씨 성을 가지고 태어났는가.

내 아버지가 이 땅에 살았고, 내 아버지가 이씨 성을 가졌기 때문이다. 내 아버지가 한국인이었기에 그 아들인 나도 한국인이며, 한국인 중에서도 전주 이씨 가문의 피가 맥맥이 흘러 나에게 이르른 것이다. 이것이 나의 근본이다.

근본은 변할래야 변할 수가 없다. 만일 내가 이씨가 싫고 박씨가 좋다고 하여 '박명수'가 될 수 있는가? 내가 미국식 민주주의를 신봉하고, 한복이 아닌 양복을 입고 있다고 해서 서양인이 될 수 있는가 !

양복을 입는다고 해서 한국 사람이 서양 사람이 되는 것은 아니다. 국어보다 영어에 더 능통하고, 김치보다 치즈를 더 좋아하고, 숭늉보다 커피를 선호한다고 해서 눈이 파래지거나 코가 커지지는 않는다.

나는 어쩔 수 없는 한국 사람이다. 내 아버지의 아버지, 할아버지의 할아버지가 이 땅에 뿌리를 내리고 살아온 한국인이기에, 나는 누가 뭐라 해도 이 땅의 뼈대있는 집안의 자손이다.

"나는 누구인가!"

인간에게 있어서 이 말처럼 의미가 깊고, 중요한 말은 없다. 이 물음이 바로 인간에게 인간됨을 깨닫게 하는 철학의 시발점이며, 이 물음에 대한 답이 철학의 완성이라고 해도 과언은 아니기 때문이다.

당신은 누구인가?

효(孝)란 무엇인가

흔히 인간을 '만물의 영장'이라고 일컫는다. 또한 미크로코스모스(MikroKosmos), 즉 소우주(小宇宙)라 칭하기도 한다. 불타(佛陀)는, '천상천하 유아독존(天上天下唯我獨尊)'이라고 했다. 우주간에 자기보다 더 존귀한 것은 없다는 말이다.

그렇다. 이 세상에서 가장 존귀한 것은 자기의 목숨이다. 통치자로부터 범부에 이르기까지 그 생명의 소중함은 조금도 다를 것이 없다.

천하를 준다고 해도 바꿀 수 없는 것이 인간의 목숨이고, 그 목숨을 있게 하고 이날까지 보존하게 하신 분이 부모님이시다.

부모와 자녀간의 관계는 자연의 한 흐름이다. 때가 되면 꽃이 피고 지는 것과 마찬가지로 지극히 자연스런 우주 생성 과정의 하나인 것이다. 결코 인위적으로 맺어진 관계가 아닌, 천지 자연의 이치인 것이다.

우리 조상들은 이러한 이치에 밝았다. 그래서 부모와 자녀의 관계를 천륜(天倫), 즉 하늘이 맺어 준 관계이므로 끊을 수가 없다는 철석 같은 믿음이 있었다. 또한 혈연에 의한 도리를 천륜이라 지칭해 왔고, 그 도리를 지키는 것을 인간의 최고 가치로 삼았다.

세상 만물 가운데서 사람이 귀하다는 것은 그들에게 도덕이 있는 까닭이다. 도덕이 있기 때문에 미천한 짐승과 다른 대접을 받는 것이다.

공자(孔子)는 어버이를 공경하는 것을 덕의 근본이며, 가르침이 생겨나는 근본이라고 설파했다. 부모에게 효도한 연유에야 온갖 행실이 이에 따르는 것이라고 명문화한 것이다.

사람이 사람다운 사람이 되자면 우선 자기를 낳아주시고 길러주신 부모님의 은혜를 깨달아야 한다. 그 은혜에 보답하려는 정신과 행위, 이것을 바로 '효(孝)'라고 한다.

미천한 동물도 제 도리는 다한다

노사* 선생의 〈자경문(自警文)〉에 이런 글귀가 있다.

"대체로 보아서 신령스러운 것은 사람이요, 지극히 어리석고 미천한 것은 동물이다. 그러나 사람이 지극히 신령스러우면서도 어리석게 되는 사람이 많고, 동물이 지극히 어리석으면서도 신

---

*노사(蘆沙) : 조선 말엽의 성리학자 기정진(奇正鎭)의 호이다. 순조 때 사마시에 급제하고, 벼슬은 호조 판서에 이르렀다. 우리 나라 6대 성리학자의 한 사람이며, 저서에 《노계집》이 있다.

령스럽게 되는 것이 많다.

호랑이는 비록 지독히 악독하다고 하지만 아비는 그 새끼를 업어주고, 그 새끼는 반드시 이를 본받는다. 까마귀는 비록 지극히 미약한 동물이지만 어미는 그 새끼를 먹여 키우고, 그 새끼는 커서 반드시 먹을 것을 물어다 어미를 먹여 은혜를 갚는다고 한다. 세상에 남의 자식된 사람으로서 어찌 본받지 않으리오?"

동물의 세계를 보면 실로 신비롭고 놀랄만한 일이 많다. 특히 제 새끼를 위해 애쓰는 본능은 만물의 영장이라고 일컫는 우리 인간을 숙연케 하는 그 무엇이 있다.

캥거루새끼는 다 자라서 아비보다 힘이 세지고 통솔력이 있게 되더라도 절대로 늙은 아비에게 반항하지 않고 순종한다고 한다.

유인원인 고릴라는 자기가 낳은 자식 중에서 가장 얼띠고 미숙한 놈은 끝까지 자기가 데리고 있으면서 보호해 주는 부성애를 발휘한다고 하며, 침팬지는 새끼가 죽으면 죽은 자기 새끼를 품에 안고 다니는데, 썩는 냄새가 진동해도 아랑곳하지 않고 계속 안고 다닐 정도로 눈물겨운 모성애를 갖고 있다고 한다.

꽤 오래 전 미국 몬타나 주(洲)의 한 시골에서 실제로 어미를 봉양한 늑대가 있어 화제가 되었다.

어미를 봉양한 늑대

몬타나 밧트란드라는 마을에 10년 가까이, 매일같이 내려와서는 마을의 가축을 해치고 달아나는 늑대가 한 마리 있었다.

"그 못된 늑대 때문에 가축의 씨가 마르겠어. 어떻게 해서든지 잡아야지."

"그래, 우리가 힘을 합하여 그놈을 잡도록 하세."

마을 사람들은 늑대 잡는 일에 혈안이 되었다. 산골짜기에 늑대가 지나 갈만한 곳마다 올가미를 놓고, 함정을 팠다. 또한 총을 잘 쏘는 포수들이 매복하거나 쫓아다녔다.

그러나 이 늑대는 어찌나 날쌔고 영리하였던지 도무지 잡을 수가 없었다. 늑대는 화약 냄새도 잘 맡아서 사냥꾼이 있는 곳은 얼씬도 하지 않았고, 올가미나 함정 같은 곳을 미리 알아차리고 슬슬 피해 다녔다. 그뿐만이 아니었다. 자기에게 사납게 짖거나 달려드는 개를 슬금슬금 꾀어가지고 나와서 자기 대신 올가미에 걸리게 하거나 함정에 빠뜨려 놓기가 일쑤였다.

"그 교활한 늑대가 사람을 가지고 노는군그래?"

"어휴, 그놈의 늑대를 어떻게 잡아 죽이지? 잡히기만 하면 가장 처참한 방법으로 죽이겠어."

마을 사람들은 더욱 지혜를 짜내어 올가미를 놓고 숨어서 지켰다.

그러던 어느 날이었다. 마을에서도 유명한 다루호우지라는 포수가 친구와 함께 산에서 매복을 하고 있는데, 그 늑대가 어린 양 한 마리를 물고 뛰어가는 것을 발견하게 되었다.

"헉, 저놈이다!"

친구가 낮게 소리치자 다루호우지는 손가락을 입에 대어 조용히 하라는 신호를 했다. 그런 다음 두 포수는 그 늑대의 뒤를 몰래 따라가기 시작했다.

늑대는 입에 물고 있는 먹이에만 정신이 팔렸던지 두 사람의 유명한 포수가 뒤따르고 있는 것을 눈치 채지 못하고, 유유히 뛰어갔다. 한참을 달린 늑대는 으슥한 산골짜기에 있는 자기의 집으로 들어갔다.

그곳은 수풀이 꽤 우거지고, 땅이 50여 미터나 움푹 패여 절벽을 이룬 곳에 있는 자그마한 동굴이었다. 그 동굴 입구에는 마치 참호처럼 2미터 가량이나 푹 패여 있었다.

"저런 은밀한 곳에 집을 짓고 있으니까 지금까지 우리가 쉽게 발견하지 못했어. 무척 영리한 놈임에는 틀림없어."

두 명의 사냥꾼은 수풀 뒤에 숨어 총을 겨누었다. 그때 늑대가 흡사 사람의 아기가 우는소리를 냈다. 그러자 동굴 속에서 눈처럼 하얀 암늑대 한 마리가 나왔다. 그 암늑대는 기쁜듯이 꼬리를 흔들면서 수컷에게 코를 갖다대고 비벼댔고, 수컷은 강아지가 어미에게 재롱을 떨 때에 지르는 끙끙거림과 몸놀림을 했다.

"아니, 저 암늑대는 눈이 멀었잖아?"

"그렇군. 저놈이 눈먼 암컷을 먹여 살리고 있었나 봐."

늑대의 수컷과 암컷은 잡아 온 양을 정답게 나누어 먹기 시작했다. 아무리 나쁜 짐승이라고는 하지만 그 광경은 참으로 정겨운 것이었다.

"포악한 늑대지만 늙고 눈먼 암컷을 먹여 살리는 것을 보니까 가슴이 찡하군그래?"

"그렇군, 짐승에게도 저런 마음이 있다니 놀라운데."

다루호우지와 그 친구는 한참이나 그 광경에 끌리어 방아쇠를 당기는 것조차 잊고 있었다. 그러나 제정신을 차린 다루호우지와 그의 친구는 다시 총을 늑대에게 겨누어 정조준을 했다.

두 포수는 동시에 깊이 들이마신 숨결을 멈추고 정조준을 하여 천천히 방아쇠를 잡아당기기 시작했다.

바로 그때였다. 두 포수가 늑대에게만 정신이 팔려 지나치게 발에 힘을 주었던 탓인지, 그만 흙이 와르르 무너져 언덕 밑 수 렁으로 굴러떨어지고 말았다. 그와 동시에 두 방의 총소리가 울 려퍼지며, 산속의 적막을 깨뜨렸다. 포수들이 언덕 밑으로 떨어 지면서 엉겁결에 방아쇠를 당겼던 것이다.

"어이쿠, 분해라! 방심하다가 다 잡은 늑대를 놓치고 말았 어."

"나는 발이 삐었는가 봐. 발이 아파서 꼼짝도 못하겠어."

다루호우지는 발이 삔 친구를 부축하여 가까스로 언덕 위로 올라왔다. 그러나 이미 늑대들은 온데간데없이 사라지고 없 었다.

"이젠 그녀석도 독 안에 든 쥐, 아니 늑대야. 그녀석이 아무리 지혜롭고 날쌔다 해도, 그 흰 암늑대가 살아 있는 이상 먹을 것 을 가지고 또다시 이곳에 올 것이 틀림없어."

다루호우지의 말에 친구가 고개를 갸우뚱거렸다.

"과연 그럴까? 그놈은 지나치게 약삭빠르고 영리한 놈이니까 한번 들킨 이상 오지 않을지도 몰라."

"아냐, 자네도 보았듯이 그녀석이 흰 암늑대에게 한 행동은 각별한 것이었어. 그러니 동굴 입구에다 덫을 놓으면 꼼짝없이 걸려들 거야."

두 사람은 동굴과 그 주위에다 쇠사슬로 만든 덫과 올가미를 여러 개 숨겨 놓고는 그곳을 물러나왔다.

이로부터 며칠이 지난 어느 날 이른 아침이었다. 다루호우지 와 마을 사람들은 저마다 총을 들고 부지런히 산을 오르기 시작 했다. 지난밤에 거친 늑대 울음소리가 산을 들썩거리게 했기 때 문이었다.

"그놈이 드디어 덫에 걸렸어!"

"장장 10년 동안이나 사람을 괴롭히던 원수를 이제야 갚게 되었군."

"빨리들 가세."

사람들은 앞서거니 뒤서거니 하며 늑대의 굴 부근에 다다랐다. 늑대의 거치른 비명이 점점 커짐과 함께 철꺼덕 철꺼덕 쇠사슬을 물어뜯는 소리가 들렸다.

"덫에 단단히 걸렸어!"

"흠, 그 나쁜 놈의 늑대, 내가 한 방에 머리통을 날려버리겠어!"

마침내 마을 사람들은 늑대의 굴에 도착했다. 동굴 입구의 참호처럼 파인 곳에 놓아둔 쇠덫에 그 회색 늑대가 단단히 걸려 비명을 질러대고 있었다.

회색 늑대는 덫에 걸리자 어찌도 발악을 했던지 덫에 물린 다리는 가죽이 벗겨져 살과 뼈가 보였고, 쇠덫을 물어뜯던 입가에는 피가 시뻘겋게 묻어 있었다. 또한 그 곁에 흰 암늑대가 피범벅이 되어 힘없는 이빨로 쇠사슬을 끊으려고 헛되이 노력하고 있었다.

사람들이 웅성거리는 소리에 회색 늑대는 거칠게 고개를 치켜들어 눈을 불태우며 으르렁거렸다. 흰 암늑대는 그런 것에도 개의치 않고 계속 쇠사슬만 물어뜯고 있었다.

"저놈이 다 죽어가면서도 성질 자랑을 하는군그래?"

"암늑대가 도망치기 전에 어서 총을 쏘세."

다루호우지와 마을 사람들은 일제히 총을 들어 사격을 개시했다.

"탕! 탕! 탕탕탕……!"

총소리는 요란하게 산골짜기를 울렸다. 덫에 치인 회색 늑대와 그 곁에서 쇠사슬을 끊으려고 하던 흰 암늑대는 붉은 피를 콸콸 쏟으며 요동을 치다가 쭉 뻗고 말았다.

마을의 힘센 젊은이 두 사람이 동굴 앞으로 내려가 늑대의 시체들을 짊어지고 언덕 위로 올라왔다.

"요놈들이 우리를 그렇게 괴롭혔군."

다루호우지는 회색 늑대의 머리를 발로 툭툭 차며 장난스럽게 말했다. 이때 늑대의 목덜미에서 무엇이 햇빛에 반사되어 번쩍거렸다.

"늑대의 목에서 뭐가 반짝거리지?"

다루호우지는 이상하게 생각되어 회색 늑대를 자세히 살펴보았다. 그러다가 갑자기 안색이 변하면서 신음을 토해냈다.

"아아, 세상에 이럴 수가……!"

다루호우지는 회색 늑대의 목에 걸려 있는 목걸이를 잡아챘다.

"이놈은 옛날에 내가 기르던 늑대야! 이 목걸이를 봐, 내가 이놈의 목에 직접 달아주었던 목걸이야. 그렇다면 저 흰 암늑대는 이 회색 늑대의 암컷이 아니라 어미라는 얘기인데……."

마을 사람들도 저마다 놀란 눈을 하고 그 늑대들을 꿰뚫듯이 바라보고만 있었다. 과연 흰 암늑대는 무척이나 늙은 늑대였다.

마을 사람들도 다루호우지와 그 회색 늑대에 얽힌 사연을 알고 있었다.

13년 전, 다루호우지와 마을의 사냥꾼들은 미즈리 강가에서 늑대의 동굴을 발견했었다. 그 동굴에는 흰 암늑대가 새끼들을 품고 있었다.

사냥꾼 한 사람이 총을 쐈지만, 빗나가서 어미는 도망을 쳤다.

"에잇, 머리통을 쏜다는 것이 빗나갔어. 하필이면 귀때기에
맞을 것은 뭐람."

사냥꾼은 투덜거리며 다시 총을 쐈지만 소용이 없었다.

사냥꾼들은 어미를 잃고 허둥거리고 있는 다섯 마리의 새끼들
을 잡아가지고 집으로 돌아왔다. 그것을 한 마리씩 나누어 가졌
는데, 네 마리의 새끼들은 팔리거나 죽거나 했다. 그러나 다루
호우지는 팔지 않고 집에서 길렀다.

"늑대의 새끼지만 강아지처럼 귀엽구나. 얼마 동안만 길러야
지."

다루호우지는 목에 예쁜 목걸이도 달아주고, 먹을 것도 주면
서 정성을 쏟았다. 늑대는 충직한 개처럼 주인을 따랐다.

그러나 기르기 시작한지 1년 정도가 지난 어느 날 밤, 이 늑대
는 산으로 달아나고 말았다.

그 늑대가 성장하여 마을을 괴롭히던 회색 늑대가 된 것이다.

"저 흰 암늑대가 회색 늑대의 어미라고? 그렇다면 내가 확인
해 보면 알 수 있지. 그때 그 어미 늑대는 귀때기에 내가 쏜 총
알을 맞았으니까."

13년 전에 총을 쐈던 사냥꾼이 흰 암늑대의 귓바퀴를 관찰
해 보더니 놀라 소리쳤다.

"맞다, 맞아! 회색 늑대의 어미가 틀림없어. 귀때기에 오래
된 총알 자국이 있단 말이야!"

다루호우지는 총알 자국을 확인한 후에 마을 사람들을 둘러보
며 놀랍다는 음성을 토해냈다.

"이 회색 늑대가 내집에서 도망친 후 10년이 넘는 오늘까지 저
늙고 눈먼 어미를 봉양하고 있었다는 얘기군!"

곁에 있던 마을 사람이 숙연한 표정으로 말했다.

"그런 것 같네. 지금 생각해 보니 저 늑대는 어미 때문에 목숨을 잃었어. 그토록 교활하고 영리한 놈이 어미가 아니었다면 다시는 굴로 돌아오지 않았을 것이야."

"늑대에게 그런 효성이 있었다니, 참으로 믿을 수 없는 일이네."

다루호우지와 마을 사람들은 감동하여 늑대의 시체를 양지바른 곳에 묻어주고 '어미를 봉양한 늑대 여기에 잠들다.'라는 비문을 새긴 비석을 그 무덤 앞에 세워주었다.

늑대만도 못한 인간들

유학생 아들이 부모를 살해했던 끔찍한 사건이 있은 지 며칠 후의 어느 신문에 〈도덕의 암흑 시대〉라는 제목의 독자(이강유 교사)의 글이 실렸다. 필자는 허락을 얻어 그 내용을 여기에 옮겨 적는다.

도덕의 암흑 시대

그 사건을 듣는 순간 사람들은 믿지를 못했다. 누군가 꾸며낸, 그것도 악질적으로 꾸며낸 황당 무계한 이야기라고, 이야기를 전한 사람을 도리어 꾸짖었다.

"천벌을 받을 그따위 소리는 입에 담지도 말아라! 세상에 그런 일은 도저히 있을 수가 없다."

이렇게들 분개했었다.

그러나 그 끔찍한 사건은 사실이었다. 사건의 진상이 밝혀졌을 때 사람들은 차라리 눈을 찔끔 감고, 귀를 틀어막고 싶은 심정이 되고 말았다.

그 사건은, 맹수가 힘없는 짐승을 서슴없이 해치우듯이 그렇게 일어났다. 유학생 아들이 유흥비와 도박으로 탕진한 빚을 갚기 위하여 자기를 낳아주고 길러주신 부모님을 무참히 살해한 것이다.

TV뉴스에 그 끔찍한 살해 현장이 비췄을 때 경악과 전율, 그리고 분노를 넘어 절망감을 느끼게 하고도 남음이 있었다.

'인면 수심(人面獸心)'이라는 말이 아프도록 나의 뇌리에 떠올랐다. 그 말은 적당한 표현이 되지를 못한다고 안타깝게 생각했지만, 그 밖의 다른 말을 찾기가 힘들었다.

"금수만도 못한 놈! 개 돼지만도 못한 놈……."

옆자리에 있던 어느 노인이 이렇게 읊조리며 탄식했다. 이때 그 노인의 뒤에 무리를 짓고 앉아 있던 젊은이들이 낄낄거리고 있었다.

"꼰데*, 평소에 용돈을 넉넉히 줬으면 누가 죽이기까지 했겠어?"

"히히, 이젠 좀 정신들 차리겠지! 안 그래?"

머리 모양과 옷맵시가 요상한 젊은이들은 그 말에 동조하는 듯이 마냥 짐승의 소리를 지껄이고 있었다.

나는 그날 보기만 해도 섬뜩한 짐승의 눈빛을 보았다. 짐승들의 말을 들었다.

그럴싸한 인간의 탈을 쓴 짐승들, 아니, 짐승만도 못한 인간들이 낄낄거리며 활개치는 '도덕의 암흑 시대'에 서서 몸서리쳐야만 했다.

앞에서 이야기한 '어미를 봉양한 늑대'와 부모를 살해한 패륜

---

*꼰데 : 아버지나 선생을 뜻하는 은어, 꼰데기.

아(悖倫兒), 무척이나 대비되는 이야기이다.

　세상에 늑대만도 못한 인간은 너무도 많다.

　다음의 이야기는 금년 여름 필자의 동네에서 있었던 실화
이다.

　어느 신축 아파트 주위를 하염없이 배회하던 한 노파가 있
었다. 한 손에는 가방을 들고 다른 한 손에는 종이쪽지를 꽉 쥔
채 고층 아파트를 슬픈 눈으로 바라보다 걷고, 걷다가는 다시
바라보곤 했다.

　이상하게 생각한 아파트 경비원이 집을 잃었느냐고 물었다.
노파는 입을 딱 다물고 대답하지 않았다.

　밤이 깊었다.

　순찰을 돌던 경비원은 으슥한 곳에 잔뜩 웅크리고 앉아 있는
노파를 발견했다. 낮에 보았던 그 노파였다.

　"아니, 할머니. 이렇게 늦은 시간까지 왜 여기에 계십니까?
혹시 집을 잃으셨어요?"

　"……."

　"경비원은 노파의 집을 찾아주려고 여러 가지를 물었지만, 노
파는 여전히 고개를 저을 뿐 아무 대답도 하지 않았다. 경비원
은 하는 수 없이 파출소에 도움을 청했다.

　노파는 파출소에 와서도 아무런 말도 하지 않았다. 고개를 푹
떨구고 가끔 진저리치듯 도리질을 해대곤 했다.

　"할머니, 집이 어딘지 말씀을 하세요. 그래야 집으로 돌아가
실 것이 아닙니까?"

　파출소장은 아무리 물어도 소용이 없자 노파의 가방을 뒤져
보았다. 그 속에는 노파의 옷가지만 들어 있을 뿐 신분을 확인

할 수 있는 증명서 같은 것은 없었다.

"할머니, 그 손에 쥐고 있는 것은 뭡니까? 이리 줘 보십시오."

파출소장의 이 말에 노파는 불안하게 눈빛을 빛내며 종이쪽지를 쥔 손을 재빨리 등 뒤로 감췄다.

"그러지 마시고 어서 주십시오."

파출소장과 경관들이 설득을 했지만 노파는 막무가내로 저항하며 그 종이쪽지를 내놓지 않았다.

"할머니, 식사는 하셨어요?"

파출소장의 이 말에 노파는 군침을 삼키며 고개를 저었다. 밥을 시켜주자 노파는 며칠 굶은 사람처럼 허겁지겁 먹어치웠다.

노파가 의자에 기대어 잠이 들었을때 파출소장은 살며시 그 종이쪽지를 빼내어 확인해 보았다. 거기에는 아파트의 동수와 호수가 적혀 있었다.

파출소장은 확인해 보려고 곧 그 아파트를 찾아가서 초인종을 눌렀다. 문을 열어준 사람은 중학생으로 보이는 소년이었는데, 그 뒤를 따라 중년 남자가 나왔다.

"우리 파출소에 웬 할머니가 한 분 와 계시는데, 이 아파트의 동수와 호수가 적혀 있는 쪽지를 가지고 있었습니다. 그래서 찾아왔는데 혹시 아시는 분이십니까?"

순간 중년 남자의 안색이 확연히 변했다. 그러나 곧 정색을 되찾고 퉁명스럽게 대꾸했다.

"나는 모르는 사람입니다. 아마 집을 잘못 찾은 모양입니다."

남자는 이렇게 말을 하고 문을 쾅 닫았다.

다음날 아침, 파출소장은 노파에게 그 아파트를 찾아갔던 이야기를 했다.

"할머니, 왜 모르는 사람의 주소를 그렇게 소중히 간직하고 계십니까? 그 집 주인은 할머니를 모른다고 하더라구요."

노파의 파리한 눈빛에서는 슬픔이 뚝뚝 떨어지는 듯했다.

"할머니, 왜 그 주소를 가지고 계시는지 이유를 말씀해 주세요. 그래야 저희도 집을 찾아드릴 수 있지요."

파출소장은 안쓰러운 마음에서 노파를 계속 설득했다. 한참만에야 노파는 눈시울을 적시며 입을 연 사연은 다음과 같았다.

며느리가 어느 날 갑자기 효도 관광을 보냈다는 것이었다. 그래서 기쁜 마음으로 관광을 하고 돌아와 보니 이사를 해버린 것이었다. 오갈데가 없어서 며칠을 그 동네에서 헤매고 있으니까, 누군가가 이사를 한 아파트의 주소를 적어줘서 그렇게 찾아온 것이었다.

"며느리를 잘못 얻었어요. 내가 며느리를 잘못 얻은 거예요."

노파는 계속 며느리가 나쁘다는 이야기만 했다. 자기의 아들이 나쁘다는 이야기는 단 한마디도 하지 않았다.

파출소장이 다시 그 아파트를 찾아갔을 때 문은 굳게 잠겨져 있었다. 그리고 며칠 동안 그 집 식구들은 아파트를 비운 채 돌아오지 않았다.

아들에게 버림을 받은 노파의 처지는 가련하게 되었다. 사정이 딱하기는 파출소도 마찬가지였다. 계속 노파를 파출소에 기숙하게 할 수도 없고, 그렇다고 어디로 보낼 수도 없었다.

그러던 어느 날 노파는 실종되었다. 아침에 파출소를 나간 후 어디로 갔는지 아무도 아는 사람이 없었다.

파출소에서 며칠 동안 기숙할 때 노파는 거의 말이 없었다고 한다. 그러나 어쩌다 한마디씩 하는 것을 종합해 볼 때, 삼십대에 홀로 되어 온갖 궂은 일을 하며 외아들을 대학 공부까지 시켰던 것 같다. 학교다닐 때 공부도 잘했고, 사회적인 기반도 닦은 것 같은데, 끝내 그 아들의 직업 같은 것을 말하지 않았다고 한다.

　필자는 몇 번인가 그 노파의 아들을 본적이 있다. 동네 사람들이 손가락질하는 것을 보고서야 그가 어머니를 현대판 고려장 시킨 장본인이라는 것을 알았다. 그리고 그가 학생들을 가르치는 입장에 있다는 것을 알았을 때, 말할 수 없을 만큼의 충격과 절망감을 느껴야 했다.

　짐승만도 못한 인간이 학생들에게 무엇을 가르친단 말인가!

손자 덕

　불효자가 걸핏하면 아비를 치건만, 아비는 손자를 잠시도 떼어놓지 않고 사랑했다. 그것을 이상하게 생각한 이웃 사람이 물었다.

　"아드님은 천하의 불효자식인데 당신은 그다지도 손자를 사랑하시니, 무슨 곡절이라도 있으신가요?"

　이 말에 아비는 침통한 표정을 지으며 입을 열었다.

　"다름이 아니라 이 손자놈이 커서 내 원수를 갚아줄까 해서라오."

2

사람이 고귀한 것은 도덕성이 있기 때문이다

사람의 도리부터 가르쳤던
전통 사회의 가정 교육
—지식인들 속에서 불효자가 늘고 있다—

글이라는 것은 옳은 일을 기재하는 것이요, 배움이라는 것은 옳은 일을 본받는 것이다. 이것이 배움의 참뜻이다.

옳은 일을 행하는 것이란 사람이 사람다운 행실을 하는 것을 말한다. 또한 옳은 일은 사람이 반드시 닦아야 할 몸가짐이다.

현대 우리 사회의 교육열은 세계 최고라고 한다. 전후 세대의 문맹도(文盲度)는 거의 제로(zero)에 가깝다.

이 말은 우리 사회의 구성원의 대부분이 배움이 있다는 말과 상통한다. 배움이 있는 사람은 인지가 발달하여 법과 도덕에 대한 개념 파악이 가능해 진다.

이 말 그대로 교육 수준이 높은 현대인은 법과 도덕에 대해서는 너무나도 잘 알고 있다. 어떤 것이 선악인지, 또 나쁜 짓을 범하면 어느 정도의 형벌이 가해지리라는 것까지 알고 있다. 적어도 모르기 때문에, 무식하기 때문에 죄를 짓는 빈도는 매우 드물게 되었다는 말이다.

그런데 왜 오히려 범죄는 증가하는 것일까?

앞에서 이미 지적했지만, 독재와 그릇된 교육 풍토의 산물이다. 세대 변화에 따른 핵가족화로 가정 교육이 먼저 붕괴되었고, 학교 교육은 인성 교육을 도외시한 지식 주입식 교육으로 변질되어 시험 기계만 생산하고 있다. 사회 교육 또한 책임있는 어른들이 당당히 나서서 배우는 세대들은 교화시키지 못했다.

우리의 전통 사회에서는 유교를 국가 윤리로 신봉하여 예의를 생활의 근본이자 목표로 삼았다. 예절을 모르면 근본이 없는 천한 사람으로 무시되었기에 가정에서의 예절 교육은 매우 엄격했다. 곧 '사람의 도리'를 철두철미하게 가르친 후에 다른 것을 배우게 했던 것이다.

사람의 도리를 알게 하는 자녀 교육의 첫걸음은 가족사(家族史)를 가르치는 것이었다. 즉 계보(系譜)를 가르쳐 자신의 존재를 알게 했고, 존재에 대한 인식이 혈족(血族)과의 유대감을 돈독하게 만들었다.

혈족이란 같은 조상에서 갈려나온 친족을 말하는데, 조금씩 세분하여 혈족친*, 육친(肉親), 등으로 분류하는 촌수(寸數) 개념을 낳게 했다.

이규태(李圭泰)의 '촌수'에 관한 다음 글을 보면 혈연(血緣)의 의의를 새삼 깨닫게 한다.

"같은 피를 타고 태어난 친족의 호칭을 삼촌·사촌·오촌……, 하는 멀고 가까운 거리 개념으로 나타내는 나라는 이 세상에서 우리 나라뿐인줄 안다. 피의 농도를 정실(情實)의 거리로 환산해

---
*혈족친(血族親): 육촌 이내의 혈족.

파악하는 합리적이고 과학적인 친족 호칭이 아닐 수 없다.

　삼촌(三寸) 이전인 이촌(二寸)·일촌(一寸)이란 말이 없는 것은
아니다. 너무 피가 같아 그 정실의 지척을 가릴 수가 없다하여
쓰지 않아 왔을 따름이다. 바로 형제·자매간이 이촌이요, 부모·
자녀간이 일촌이다. 일촌보다 더 정실이 가까운 반촌(半寸)이란
말도 있다. 곧 자녀가 부모를 대하는 정(情)의 거리가 일촌이요,
부모가 자녀를 대하는 정의 거리가 그보다 가까운 반촌인 것
이다.

　부모의 자녀 사랑과 자녀의 부모 사랑의 그 미묘한 차이를 이
토록 세분해서까지 파악해낸 우리 선조들의 슬기 앞에 고개가
절로 숙여진다.”

　'혈족의 정'은 같은 피가 흐르는 정이다. 부모가 자녀들에게
사랑을 담뿍 쏟는 것도 이러한 혈연 관계에서 오는 부성애와 모
성애 때문이다.

　혈족의 의의를 가르쳤던 가계사 교육 중의 백미는 단연 나라
와 가문에 큰 업적을 남긴 조상의 이야기였다. 훌륭한 조상의
덕행과 학문, 업적 등을 후손들에게 들려줌으로써 조상에 대한
긍지를 갖게 하고 본받게 하여 삶의 목표와 철학을 확립하는데
지대한 역할을 했다.

　“가문을 욕되게 하지 말라.”

　개인의 잘못은 가문의 치욕으로 여겼기에 부모는 자녀에게 가
문에 먹칠을 하는 행동은 하지 말라고 늘 훈계했다.

　가계사 교육의 핵심은 효로 귀결되었으며, 효는 윤리 도덕의
근본이 되는 오륜(五倫)을 튼튼히 뒷받침하였다.

　오륜 중에 장유 유서(長幼有序)는 곧 어른에 대한 예절이었다.

《논어》에는 '효성과 우애가 있는 사람으로서 웃사람에게 도리에 벗어난 행동을 하는 사람은 드물다'라고 하였고, 《효경》에도 '어버이를 사랑하는 자는 감히 남을 미워하지 아니하며, 어버이를 공경하는 자는 감히 남을 업신여기지 않는다'라고 했다.

이렇듯 효는 장유 유서의 밑변을 이루고 있는데, 《예기》에서는 낯선 타인과의 예절에 대해서도 가르치고 있다.

"나이가 나보다 갑절이 더할 때에는 아버지를 섬기는 예로써 섬기라. 나이가 나보다 10년이 더하면 형을 섬기는 예로써 섬기고, 5년이 더하면 어깨를 나란히 해서 걷되 조금 뒤에서 따르라. 또한 나이가 비슷한 다섯 사람이 모여 있을 때에는 그 중에 연장자가 반드시 자리를 달리하여 앉고, 연소자들은 연장자를 따라야 한다."

전통의 가정 교육은 사람을 사람답게 만드는 인격 교육이었다. 저마다 가정에서 자녀들이 어릴적부터 바탕을 잘 닦게 하여 예절 바른 사회를 이룩하여 왔으며, 그 결과 '동방 예의지국'이란 칭송을 받아왔다.

그런데 지금은 어떠한가. 부모와 스승의 권위는 땅에 떨어진지 오래이고, 자녀가 상전인 사회가 되었다. 귀한 자식 귀하게 키운다는 명목아래 버릇없고 이기적인 인간들이 너무나도 많이 양산된 것이다.

가정에서 예절을 배우지 못한 아이들은 학교에서도 예절을 배우지 못한다. 학교는 단지 지식만을 배우는 장소로 가치가 전도되었다. 교사는 지식을 파는 상인이 되었기에 비굴해 졌고, 학생은 그 지식을 골라잡아 사는 손님이 되었기에 사뭇 당당해 졌다.

교사가 학생과 학부모의 눈치를 살펴야 하는 교육 풍토에서 참교육이 이루어질 리는 만무하다.

지성을 겸비하지 못한 지식인의 양산은 필연적으로 사회 정의를 무너뜨리고 만다. 그 좋은 머리를 좋은 곳에 쓰는 법을 배우지 못했기 때문이다. 머리 좋은 망나니, 머리 좋은 사기꾼, 머리 좋은 패륜아, 머리 좋은 불량배 등이 날뛰게 되는 사회는 불행할 수밖에 없다.

버릇은 없고 머리만 좋은 지식인을 만들어 놓은 일차적인 책임은 마땅히 그 부모가 져야 하고, 다음은 그것을 방조한 사회가 져야 한다.

머리 좋은 그들은 갖가지 방법으로 인간이 되지 못한 보복을 가하고 있으며, 그 실례를 우리가 지금 직접 당하거나 보고 있는 것이다.

패륜과 불법과 무례, 팽배한 무질서와 이기주의, 부정과 부패 등의 온갖 사회악이 교육을 받은, 곧 머리 좋은 지식인들 사이에서 자행되고 있다는 사실이 그 좋은 실례라 할 수 있다.

근래에 효자·효부로 표창을 받는 사람들의 면면을 살펴보면, 대체로 많이 배우지도 않았고 생활도 넉넉한 상태가 아니라는 것을 알 수 있다. 남들처럼 부모의 도움으로 배우지는 못했지만, 유산을 물려받지는 않았지만, 생활은 비록 곤궁하지만, 그럼에도 불구하고 극진히 부모를 봉양하고 있는 것이다. 또한 아직도 우리 농촌에는 부모를 알뜰히 봉양하는 미풍이 살아 있는 편이다.

그런데 도시에서의 효 사상은 날로 땅에 떨어져 가고 있다. 소위 핵가족 풍조가 만연됨에 따라 노인 문제가 심각한 사회 문제로 부상한 것이다. 더욱이 부모를 냉대하는 자식들의 대부분

이 최고 학부 출신의 지식인이라는 데 문제가 있다. 이것은 우
리의 효를 비롯한 윤리 도덕이 지식인들 속에서 점차 무너져 가
고 있다는 증거이다.

◀ 孝 시조 ① ▶

어버이와 자식 사이

어버이 자식 사이
하늘 삼긴 지친이라
부모 곧 아니면
이 몸이 있을소냐.
오조도 반포를 하니
부모 효도하여라.

김상용

　김상용(金尙容, 1561~1637)은 조선 인조 때의 문신으로 성품이 온화하고
고결하여 군자의 기품이 있었다.
　시조에서 '삼긴'이란 말은 '만들어 낸'이란 뜻이며, 오조(烏鳥)는 '까마
귀'이다. 반포(反哺)는 까마귀 새끼가 자란 뒤 늙은 어미에게 먹이를 물
어다 주는 것, 곧 부모를 섬기는 것을 말한다. 그래서 까마귀를 '효조(孝
鳥)'또는 '반포조(反哺鳥)'라 부르며, '반포 지효'라는 고사가 생겼다.
　《한방의약》에 까마귀에 관련된 다음과 같은 대목이 있다.
　"이 새가 태어나게 되면 어미새가 60일 동안 먹이를 잡아와 먹여 주고,
그 새끼가 다 자라면 반대로 어미새를 60일 동안 그렇게 먹여 살린다. 가히
어버이의 사랑과 자식이 보답하는 효행이라 할 만하다."

동양식 부모 사랑
그리고 서구화된 지식인의 사고 방식
─불효는 서구 저질 문화의 표절 행위─

어느 월간지에서 남녀 대학생 각각 500명을 대상으로 다음과 같은 설문 조사를 했다. (괄호안은 응답한 학생수)

1. 만약 부모님이 당신의 결혼을 반대한다면 어떻게 하겠는가.
   · 부모님의 말에 따른다. (87명)
   · 먼저 부모님을 설득하고, 그래도 반대하면 반대를 무릅쓰고 결혼을 하겠다. (513명)

2. (여학생에게) 장남과의 결혼을 어떻게 생각하는가.
   · 사랑하는 사이라면 무관하다. (192명)
   · 가급적 피하겠다. (301명)

   3. (남학생에게) 사귀는 여성이 부모님을 모시지 않겠다면, 그
      래도 결혼을 하겠는가.

      · 사랑하는 사이라면, 하겠다. (163명)
      · 교제를 끊겠다. (74명)

   4. 결혼 후 부모님을 모시고 살겠는가.
      · 모시고 살겠다. (201명)
      · 자유롭게 살고 싶다. (768명)

   부모님이 반대를 하더라도 결혼을 하겠다는 학생이 50퍼센트
를 넘고 있으며, 응답을 기피한 상당수도 여기에 동조하고 있음
을 짐작할 수 있다. 결혼은 나의 문제요, 내가 하는 것이라는 결
혼관이 신세대들의 관념에 뿌리내리고 있음을 엿볼 수 있다.
   2번 문항을 통하여 전통과 현실 사이에서 갈등하는 신세대 여
성들의 사고의 일단을 유추해 볼 수 있다. 전통 사회에서 부모
부양은 장자의 책임이 컸다. 아직도 그 전통은 살아 있으며, 그
렇기 때문에 결혼 상대자로서의 장자는 고려의 대상이 되는 것
같다. 말하자면 부모 부양의 책임을 떠맡지 않겠다는 여학생이
60퍼센트를 넘고 있는 것이다. 필자는 이 문제를 놓고 소설가 L
씨와 한담을 나눈 적이 있다. 결혼 적령기의 아들을 두고 있는
L씨는 씁쓸한 표정으로 이렇게 말했었다.
   "그들은 결혼하여 차남부터 낳을 모양이지요."
   남학생들 사이에서도 같은 사고의 흐름을 느낄 수 있는 것이
3번 문항이다. 부모님을 모시지 않겠다는 상대와 결연히 교제를

끊겠다는 수(78명)보다 결혼을 하겠다는 수(163명)가 곱절을 넘고
있는 것이다.

4번 문항은 개성과 자유를 추구하는 신세대들의 가정관을 엿
보게 한다. 무려 75퍼센트에 이르는 학생들이 결혼 후 독립된 생
활을 원하고 있는 것이다. 곧 부모와 함께 사는 것을 원치 않고
있다는 이야기이다.

성장 후 부모님과 결별하려는 신세대들의 사고 방식은 서구식
교육의 영향이 크다는 것을 부정할 수 없다. 서구식 교육을 통
하여 동양과는 다른 가족관, 그리고 효에 대한 개념을 갖게 된
것이다.

서구 사회는 일찍부터 공리주의, 개인주의가 발달하여 필연적
으로 그에 걸맞는 풍속이 생길 수밖에 없었다. 그 대표적인 것
이 독립심이다. 그들은 어릴 적부터 부모로부터 철저한 독립심
을 배운다. 용돈을 타더라도 그에 합당한 심부름이나 집안일을
도와야 한다는 것이 그들의 묵계된 약속이다. 그렇기 때문에 부
모와 자식간에도 어느 한계를 넘어선 의뢰심을 갖지 않는다.

자녀가 어느 정도 성장하여 독립할 정도가 되면 그걸로 부모
의 책임은 끝난다. 자녀는 스스로 살길을 찾고, 부모는 부모대
로의 인생을 즐기며 노후 설계를 한다. 또한 개인주의에 합당한
사회 정책이 발달했다.

각자가 각자의 뜻과 노력으로 각자의 삶을 살아가는 것이 서
구의 공리주의이며 개인주의이다. 민주주의도 이러한 사상에 바
탕을 두고 태동했는데, 그 근본 원칙의 하나는 '요구하기 전에
노력하라'이다.

그런데 우리 사회를 비롯한 유교권 사회의 풍속은 서구의 그
것과는 사뭇 다르다. 부모들의 자식 사랑은 거의 맹목적에 가

깝다. 자식의 발전과 성공을 위해서는 자신의 삶까지도 기꺼이 희생한다. 모든 것을 아낌없이, 몽땅 주는 식이다.

대체로 부모들이 자식들의 뒷바라지가 끝날 무렵이면 이미 정년 퇴직을 했거나, 정년을 바라보는 노년기에 접어들게 된다. 노년기에는 경제력과 생활력 상실을 체험하게 된다. 일을 하고 싶어도 일자리가 없고, 또 기력이 달려 몸이 생각대로 움직여지지 않는다.

부모가 자식에게 몽땅 줄때 반드시 뒷날 그 대가를 받자는 것은 아니지만, 자식은 늙으신 부모님을 봉양하는 것을 인지상정으로 여겼다. 이것이 우리 전통의 가족 제도였다.

시대가 변했어도 부모들이 자식을 사랑하는 방식은 여전하다. 그런데 자식 세대들의 사고 방식은 서구식 교육을 통하여 변질되어 버린 것이다.

서구의 공리주의, 개인주의가 나쁘지는 않다. 급변하는 현대에 전통 사회의 가족 제도보다 더 적합한 면이 없지는 않다.

그러나 문제는 서구 사상을 배우더라도 철저히 배우지 못했다는 데에 있다. 자기들의 삶에 유리한, 즉 부모님을 모시지 않는 점이라든가 개인의 개성 및 자유를 최고로 존중한다는 것 등을 배웠을 뿐이지 독립심이나 질서 의식 등은 배우지 않았다.

그리고 또 그들은 우리의 전통을 완전히 거부하지도 않았다. 자식을 위한 부모의 희생은 당연한 것으로 받아들이면서 부양의 의무는 개인주의를 따르겠다는 것이다.

권리 주장은 철저히 하고 책임과 의무는 지지 않겠다는, 국적 불명의 뻔뻔스런 이기주의자들이 되어버린 것이다.

극단의 이기주의는 서구 저질 문화의 산물이다. 좋은 점은 배우지 못하고 못된 풍조만 표절하는 행위는 현대 지식인의 식민

10명의 자식을 양육하는 아버지가 있다.
한 사람의 아버지를 부양하지 않는 10명의 자식도 있다.
〈법구경〉

지적 징후라고 아니 할 수 없다.

사람의 언어를 쓰고, 사람의 외양을 지니고 있다고 해서 다 사람은 아니다.

사람은 사람다운 마음을 지녀야 하고 사람다운 행동을 해야만 비로소 사람의 대접을 받을 수 있다. 핵가족이니, 개인 존중이니, 남녀 동등이니 하지만, 사람은 무엇보다 먼저 사람다운 근본 도리를 알고 살아가야 하는 것이다.

아버지의 장례식에 불참한 아들

높은 관직에 있는 어떤 사람이 고등학교를 나온 외아들을 외국에 유학시켰다. 금이야 옥이야 기른 그 외아들은 그곳 대학을 나와 거기서 취직하여 눌러앉게 되었다.

그후 관직의 아버지는 어떤 문제에 봉착했다. 병역을 필하지 않은 아들을 데려다 병역 의무를 마치게 하든가, 그 부친이 책임있는 자리에서 물러나든가의 양자 택일을 해야 했던 것이다.

당황한 부모는 번갈아가며 외국으로 아들을 찾아가, 귀국하여 국민의 의무인 병역을 치르도록 권했다.

그러나 아들은 끝내 부모의 간곡한 청을 물리쳤다. 오히려 귀국을 종용하는 부모에게 화를 터뜨렸다.

"세상에 아버지의 출세를 위하여 아들을 희생시키는 법이 어디 있습니까?"

그뒤 그 아버지가 급작스럽게 세상을 떠났다. 그러나 아들은 장례식에 참석하지도 않았다. 병역 미필자는 다시 해외로 돌아가기가 힘들다는 연유에서였다.

아버지의 슬픈 노래

어느 가을, 부처님께서 일곱 집을 차례로 다니시며 탁발을 하고 계셨다. 그때 초췌한 모습의 늙은 바라문* 한 사람이 밥을 얻기 위해 남의 집 앞에 서 있었다. 그것을 본 부처님은 불쌍하고 애처롭게 생각하고 그 바라문에게 다가가 다정하게 물으셨다.

"무척 연로하여 힘들어 보이십니다. 무슨 연유로 지팡이를 짚어 가면서 밥을 빌고 있습니까?"

노인은 힘없는 목소리로 대답했다.

"실은 저에게 일곱 명의 아들이 있었습니다. 모두 성장하여 장가를 보내고 나니 제게는 돈 한 푼 남은 게 없지 뭡니까. 그런데도 자식들은 모른 체하니, 모진 게 사람의 목숨이라 죽지도 못하고 어찌할 수 없이 이렇게 문전 걸식을 하고 있습니다."

부처님은 이 말을 듣고 더욱 불쌍히 여겨, 노래를 하나 가르쳐 줄 터이니 많은 사람이 모인 곳에서 항상 이 노래를 부르라고 하시며 한 소절씩 가르쳐 주었다.

---

*바라문(婆羅門) : '브라만'의 한자 역어. 인도의 카스트 제도에서 가장 높은 지위인 승려 계급.

세상 사람들아
아들을 낳았다고 기뻐하면서
재물을 모아서 나누어 주고
짝을 지어 장가 들여 주니
이제 와서 아버지는 헌신짝 신세.

입으로는 아버지라고 부를지라도
마음에는 자비가 전혀 없으니
귀신보다 박정한 자식들은
죽어가는 아버지를 내쫓는구나.

양식이 들어 있는 소중한 쌀가마니
다 먹고 버리는 빈 가마니처럼
말과 소만도 못한 내 자식들
아버지를 집에서 내몰았구나.

버림받고 쫓겨난 늙은 아버지는
지팡이에 의지하여 문전에 서서
남의 집 인정을 빌어 가면서
죽어가는 목숨을 이어간다네.

이제사 의지할 건 지팡이 하나
서거나 걷거나 오직 지팡이
어두우면 충실한 안내가 되고
냇물도 여울도 알려 준다네.
내 자식은 이제사 지팡이로세.

지팡이가 이제는 내 자식이라네.

노인은 자신의 처지를 깊이 헤아려주시는 부처님께 크게 감사 드렸으며, 이 노래를 금방 따라 부를 수 있게 되었다.

날씨가 화창한 날 노인은 많은 사람들 앞에서 부처님께 배운 대로 구성지게 노래를 불렀다. 그러자 불효를 행하던 노인의 자식들도 이 노래를 자연히 듣게 되었다. 아버지의 애절한 목소리에 모두 참회의 눈물을 흘리며, 아버지를 극진히 모시어 그동안의 지은 죄를 용서받고자 했다.

일곱 명의 자식들은 집으로 돌아와 사이좋게 아버지를 모시고 극진히 공경하며 봉양했다.

◀ 孝 시조 ② ▶

어버이 살아신제

어버이 살아 신 제
섬길 일란 다하여라
지나간 후면
애닯다 어찌하리
평생에 고쳐 못할 일이
이뿐인가 하노라.

정철

정철(鄭澈, 1536~1593)은 조선 선조 때의 문신으로 《관동별곡》, 《성산별곡》등의 가사 문학과 많은 시조 문학을 남겨 국문학에 크게 이바지하였다.

이 시조는 정철의 〈훈민가·訓民歌〉제16수 중에서 제4수로 남겨진, 〈자효·子孝〉라는 제목이 붙은 시조이다. 시조에서 '살아 신 제'라는 말은 '살아 계시는 동안'을 뜻한다.

세상에 가장 불쌍한 사람은 부모가 없는 사람이다. 왜냐하면 조건없는, 영원히 변함없는 사랑을 간직하고 있는 사람은 나를 낳아주고 길러주신 부모님 뿐이기 때문이다. 그런 부모님이 살아 계신 동안 섬기지 못하면, 그 다음부터는 아무리 뉘우치는 마음이 쓰리고 아파도 다 소용없는 일이다.

현대인의 바람직한 자녀 사랑법

　현대는 국제화 시대이다. 국제화 시대의 세계는 우리에게 급속한 변화와 변신을 요구하고 있다. 강물처럼 도도히 흐르는 세계 사조의 흐름을 어떻게 거역할 수는 없다. 여기에 부응하지 못하면 세계 열강의 틈바구니에서 치욕과 천대와 온갖 부당한 대우를 받아야 하는 것이다.

　치열한 적자 생존의 세계 무대에서 살아남기 위해서는 절대적으로 국가 경쟁력을 갖춰야 한다. 국가 경쟁력의 기초는 교육에서부터 시작된다.

　현대의 삶은 어쩔 수 없이 서구 문화의 발전과 밀접한 관련을 맺고 있으므로 서양 문물을 폭넓게 수용해야 한다. 문제는 그 수용하는 방법에 있다.

　전통을 고집하여 외래 문명을 배척하는 극단적인 국수주의(國

粹主義)나 서구 이론만을 무비판적으로 수용하여 추종하는 사대 사상(事大思想)은, 양자가 다 위험하다.

　전통의 좋은 점과 서구 이론의 장점과의 조합을 통한 새로운 규범과 질서의 확립이 절실히 필요하다.

　가족의 개념 및 효의 개념도 새롭게 조명되어야 한다. 전통 사회의 효에 대한 개념 그대로를 오늘에 적용시키려면 아무래도 무리가 따른다.

　부모가 자녀를 사랑하는 마음이야 아무리 시대가 바뀌어도 변함이 없겠지만, 그 사랑하는 방법은 좀더 합리적이어야 한다.

　자녀가 부모의 인생의 전부이며, 자녀가 가장 큰 재산이라는 사고 방식은 전근대적이다. 우리는 지금 그러한 사고 방식의 병폐를 피부로 느끼고 있다. 오늘날의 심각한 노인 문제가 그 단적인 병폐라고 할 수 있다. 기성 세대, 특히 현재 환갑이 넘어선 사람들은 '자식 농사'를 최고의 재산, 최고의 가치로 여겼다. 그래서 가난한 형편에도 불구하고 대학 교육을 시키느라 뼈가 빠지게 일하고도 부족하여 논과 밭을 다 팔던 시절의 사람들이다. 그래서 대학을 우골탑(牛骨塔)이라고 빈정거리는 말까지 생겼다.

　그런데 한껏 뒷바라지를 하여 길러놓고 나니까 자식은 내몰라라하는 것이다. 바로 이런 점이 자식 사랑에 합리적이지 못했던 부모 세대의 비극이다.

　자식을 부모의 소유 개념이 아닌 한 개체로 생각하는 것이 합리적 자녀 사랑법의 출발점이 된다. '내 인생은 나의 것'이라는 시쳇말처럼 자녀에게는 자녀들 나름의 개체적인 삶이 있고, 부모에게는 부모대로의 삶의 방향과 목적이 있어야 한다는 말이다.

대체로 부모들의 자녀에 대한 욕심은 끝이 없다. 도둑도 제 자식만큼은 훌륭한 사람이 되기를 바란다. 그리고 내 아들 내 딸만큼은, 하고 예외로 두고 싶어 한다. 세상의 모든 자식들이 패륜을 행하더라도 내 자식만큼은 그렇지 않을 것이라고 생각하는 것이다. 그런 용감한 확신(?)을 가지게 되는 것이 부모된 사람의 공통된 심리이다.

"사람은 그 자식의 악(惡)을 모른다."

《대학·大學》에 나오는 말이다. 부모된 입장으로서 자칫하면 자식의 좋은 점만 보고 나쁜 점은 보지 못한다는 것을 경계하는 말인데, 부모된 사람은 깊이 음미해 볼 필요가 있다.

그리고 많은 부모들은 쉽게 자식을 통하여 대리 만족을 느끼고 싶다는 심리 상태에 빠지게 된다. 자신이 못 배웠기에 자녀들은 가르치고 싶고, 자신이 군색하게 살았기에 자녀는 윤택하게 살아가기를 바란다. 자녀를 통하여 부모의 못다 이룬 소망을 이루고 싶은 것은 인지상정이지만, 그것이 지나치게 강조되면, 부모도 자식도, 개체적인 삶에서 멀어지게 된다.

학문에는 전혀 취미가 없는 자녀를 끌어다가 억지로 공부를 시키고, 예술적인 재능이 뛰어남에도 불구하고 다른 분야의 학문을 요구하는 행위 등은 부모의 욕심이다. 부모의 욕심 때문에 자녀의 개체적인 삶이 희생되는 것이다.

개체적인 삶을 희생시키는 억지 교육은 사회와 기업에 필요없는 불량 인간을 제조하는 것과 마찬가지이다. 그 불량품 인간들이 사회의 질서를 무너뜨리고 배은 망덕한 행위를 서슴지 않게 되는 것이다.

합리적인 자녀 사랑을 생활화하기 위해서는 뚜렷한 자기 철학의 확립은 필수적이다. 일찍부터 가정 교육을 통하여 사람의 도리를 알게 하고, 개체적 삶에 절대 필요한 독립심 및 공동체 생활의 예절을 가르쳐야 한다. 그와 동시에 부모는 부모대로의 개체적인 삶을 통하여 사회와 자녀에 짐이 되는 존재가 되지 않도록 노력해야 한다. 아무튼 몽땅 주는 식의 자녀 사랑은 한없이 숭고한 것이기는 하지만, 자칫 자녀들의 의뢰심과 이기심을 심어주는 결과를 빚게되어 노년이 비참해 지기 쉽다.

효자 하나 키우십시오

"자녀의 양육비와 교육비, 그리고 용돈 등을 줄 때 차용증을 받고 주자."

딸이 아버지에게 부양비를 청구한 사건이 있은 며칠 후, 어느 신문의 논설 위원이 우스갯소리로 한 말이다. 과연 자녀가 성장할 때까지 드는 비용이 얼마나 될까?

필자로서는 감히 계산할 엄두조차 낼 수 없지만, 엄청난 비용과 공이 드는 것은 틀림없다. 근사치에 가까운 액수를 알고 있는 독자가 계시다면, 알려주신다면 꼭 감사드리겠다.

"효자 하나 키우십시오."

어느 날 문득 필자의 사무실을 찾아온 낯선 아주머니가 빙그레 웃으면서 처음으로 건넨 말이다.

"효자라니요?"

어리둥절하여 반문하는 필자에게 그 아주머니는 보험 상품을 권유했다. 자식을 믿지 말고 일찍부터 노후 준비를 하라는 것이었다.

스스로 노후 준비를 하는 것은 현명한 일임에는 분명하지만, 우리의 정서로는 웬지 살풍경한 느낌을 떨쳐 버릴 수가 없다. 자식의 배은(背恩)을 염두하고, 그 준비를 하리만큼 각박해진 세상 풍조와 노인 문제에 무심한 우리 사회의 구멍 뚫린 복지 제도가 그 말속에 함축되어 있는 것이다.

그러나 인간은 현실에 적응하며 살아가야 한다. 어떤 경우라도 불시의 재난을 생각해 두는 편이 좋다. 언제, 어디서 불의의 사고가 도적처럼 닥칠지 모르는 것이 인생이다. 믿는 도끼(자녀)에게 발등을 찍히고 신음하는 노인들의 슬픔과 고통은 결코 남의 일이 아니다.

그런 때에 가장 힘이 되는 것은 저축이요, 노후 준비이다.

그런 의미에서 미리 효자 하나 키우는 것이 지혜로운 생각이 아닐까?

3

사람이 아름다운 것은 숭고한 사랑이 있기 때문이다

인간의 아기는
키우는 자를 닮으면서 자란다

　탑골공원에 가면 수백 명이 넘는 노인들이 나무그늘에 빽빽하게 앉아 있다. 그 모습들을 지켜보고 있노라면 황혼기의 고독이 물씬 밀려들어 명치 끝을 쓰리게 한다.

　사람은 세월을 거스르지 못한다. 세월이 흐르면 누구나 늙게 되며, 그 흐름은 쏜살같이 빠르다. 나도 늙고, 청춘기를 구가하는 당신의 빛나는 젊음도 늙는 것이다.

　노인들은 세월의 무서운 힘을, 세월의 놀랄만한 속도를 안다. 젊은 시절의 패기 만만하던 꿈과 희망을 어느덧 잠재우게 하는 그 위력과 속도를……. 늙어서야 세월의 위력을 깨닫는 것은 어쩔 수 없는 인간적인 약점이다. 잘못 살아왔던 지난 세월을 뼈저리게 후회를 하지만, 다시는 젊은 시절로 되돌아 가지는 못한다.

　인간의 말 중에서 가장 슬프고 비참한 말은,

　"그때 그렇게 했더라면……."

이란 말이다.

　많은 노인들이 자식들의 불효를 불평하며, 힘이 닿을 때 노후 준비를 하지 못했던 자신의 준비 부족을 후회한다.

　"그때, 인간 교육을 잘 시켰더라면 이렇게 막돼먹은 불효자는 되지 않았을 텐데……."

　"그때 재산을 모아 두었더라면 지금 며느리의 눈치를 보며 용돈 구걸은 하지 않았을 텐데……."

　노인의 후회와 한숨을 허무하고 슬프다. 다시는 기회가 없기 때문이다. 자녀들이 불효를 하여도, 며느리가 용돈을 주지 않아도, 눈치를 보며 끼니를 얻어 먹어도, 서럽게 서럽게 마음으로 삭여야 한다. 늙고 힘이 없기 때문이다.

　자업 자득(自業自得)이란 말은 진리이다. 원인이 없는 결과는 없는 법이다. 구차하고 귀찮은 문제의 대부분은 최초에 자기 자신이 씨를 뿌렸기 때문이다. 부모들 가운데는 자신이 자녀를 방자하게 기르고서는 어째서 이기주의로 은혜를 모르는 사람이 되었느냐고 한탄하는 사람이 많다.

　덕성을 갖춘 인간으로 성장하기 위해서는 윤리 도덕과 사랑하는 법을 배운 사람만이 인간으로서 성공할 수 있다. 여기에서의 '배운다'라는 말은 참으로 중요하기 때문에 주의를 요한다. 윤리와 도덕, 그리고 사랑이란 가지고 태어나는 것은 아니다. 배우고 익혀 알게 되는 것이다.

　가정에서 도덕 기준을 배우지 못한 아이는 인격적인 결함이 있게 마련이다. 원인 제공을 부모가 해 놓고 그 결과만을 놓고 **불효** 및 **패륜** 행위를 꾸짖고 있는 것이다.

현대의 젊은이와 아이들은 교육은 있으나 교양이 부족하다는 말을 흔히 쓴다. 과잉 교육열 덕택에 국민학교에 입학하기도 전에 국어를 깨우치고, 심지어는 외국어까지 가르치고 있다. 어릴 때부터 지식을 주입시키는데 갖은 애를 쓰고 있는 것이다. 이에 반해 교양 교육은 실로 미비하다. 그 이유로는 아이들의 기를 꺾지 않으려하기 때문이라 한다. 그래서 요즘은 제멋대로 행동하는 아이들이 많다. 똑똑한 어린이는 많은데 예절 바른 어린이를 주변에서 만나기가 쉽지 않다.

아이를 활달하게 키우는 것은 좋은 일이지만, 버릇없는 짓을 활달한 것으로 잘못 판단하고 있는 부모들도 많다. '세 살 버릇 여든까지 간다'라는 속담처럼 어릴 때 버릇없는 아이는 역시 성장해서도 버릇이 없다.

굽은 나무는 어릴 때 바로잡아야만 잡힌다

어느 부자가 성대한 칠순 잔치를 벌이고 지역의 유지들을 초청했다. 그 부자는 어린 손자를 몹시 귀여워했기 때문에 자신의 무릎에 앉히고 손님들을 맞이했다.

손자는 귀엽게 자란 탓인지 무척이나 버릇이 없었다. 아무에게나 기어오르고 등에 매달리는 등으로 귀찮게 굴었다. 손님들에게 함부로 상스러운 말을 내뱉기도 했다.

그런데도 부자는 무엇이 그리도 좋은지 껄껄 웃으며 쳐다보기만 하였다.

"하하하……. 어린 것이 어른을 조금도 두려워하지 않는 것은 기상이 범상치 않다는 증거가 아니겠소? 장차 큰 재목이 될 녀석이오."

부자의 이 말에 한 교육자가 코웃음을 쳤다.

"무릇 굽은 나무는 어릴 때 바로잡아야만 잡히는 것입니다. 어른에게 함부로 굴고 욕하는 나쁜 버릇이 성품으로 굳어 버린다면 어떻게 되겠습니까? 집안에 공경할 사람이 없고 세상에는 두려운 사람이 없다고 믿어 제멋대로 행동할 것입니다. 그러다가 악행을 범하지 않는다고 누가 장담하겠습니까?"

교육자의 이 말에 부자는 아무 말도 하지 못했다.

몸으로 익힌 것과 머리로 배운 것의 차이

인간이 자신의 노력으로 몸에 익힐 수 있는 범위의 덕성을 갖추는 것은 유아기에서 소년기까지는 용이하다. 그러나 그 이후는 습관으로 굳어져 버린 후이기 때문에 피나는 노력을 가해도 쉽게 갖추어 지지는 않는다.

자녀를 길러 자라게 하는 것을 양육(養育)이라 한다. 여기에서의 '기른다'라는 말의 의미는 각별하다. '기른다'는 말과 '가르친다'는 말에는 놀라운 차이가 있다.

우리는 교육을 통해 다방면에 걸쳐 많은 지식을 배웠다. 만일 당신이 지금 국민학교 6학년의 산수 시험지를 받았다고 가정해 보라. 그 문제를 완벽하게 풀어낼 자신이 있는가?

만일 당신이 지금 중학교 1학년의 영어 시험지를 받았다고 가정해 보라. 그 문제를 풀어낼 수 있는가?

아마 모르기는 해도 고등학교나 대학에서 수학과 영어 성적이 썩 뛰어났던 일부의 부모를 제외하고는 만족할만한 점수를 얻기 힘들 것이다. 당신은 배웠던 것을 잊어버린 것이다. 학창 시절에는 알았던 그 사실들을 자기 자신도 모르는 사이에 망각해 버린 것이다.

그러나 어렸을 적에 자전거 타는 법을 익힌 사람은 일생을 두고 자전거를 탈 수 있다. 수영을 배운 사람은 늙어서도 수영을 할 수 있다. 이 말의 뜻은 머리로 배운 것은 쉽게 잊지만 몸으로 익힌 것은 언제까지나 잊어버리지 않는다는 것이다.

대체로 가르치는 것은 짧은 시간에 할 수 있다. 학문적인 지식이나 예의 범절이나를 망라하여 가르치는 것은 쉽다. 하나 더하기 하나는 둘인 것을 가르치는 데 보통 머리의 아이라면 몇 분도 걸리지 않는다. 어른에게 인사를 해야 한다고 가르치면 아이는 곧 귀엽게 인사를 한다. 그래서 러시아의 문호 도스토에프스키는 인간을 유순한 동물이라고 했다. 어떤 일도 잘 배우고 잘 길들여지는 존재라는 뜻이다.

그러나 아이들은 다음에 그 어른을 다시 만나면 인사를 하지 않는다. 또 인사를 해야 한다고 가르쳐야 하고, 그것을 매번 반복해야 한다. 이렇게 반복시켜 교육시키는 것이 양육, 곧 기르는 것이다.

어릴 적에 인사하는 습관을 몸에 익힌 사람은 평생을 두고 인사를 잘한다. 인사는 예절의 기본이다. 온갖 인간 관계가 인사로부터 시작된다. 또한 사회에서 인사성 있는 인간은 호감을 사고 인정을 받는다.

아버지가 밖에서 돌아와도 눈만 멀뚱멀뚱 뜨고 있는 자녀는 인사성을 배우지 못한 불행한 사람이다. 그 사람의 근본은 인사를 잘할 수 있었는데, 부모가 가르치기를 게을리하여 잘못 기른 것이다.

"어린이는 5세까지 그 일생에 배우는 모든 것을 다 배운다."

세계 최초의 유치원을 설립한 19세기 독일의 교육자 프뢰벨의 말이다.

프뢰벨은 어린이의 교육은 태어났을 때부터 시작되고, 5세까

자식을 알고 있는 사람은 현명한 아버지이다.

셰익스피어

지는 그 전부를 끝내야 한다고 말한다. 여기에서의 '일생에 배우는 모든 것'은 퍼스낼리티(personality), 즉 인성에 관한 말임은 두말할 나위가 없다.

진화론으로 유명한 영국의 박물학자 다윈에게는 다음과 같은 에피소드가 있다.

다윈을 방문한 한 여성이 이렇게 질문했다.

"아이가 태어난 지 2년 반이 됩니다. 교육은 언제부터 시작하면 좋겠습니까?"

다윈은 즉석에서 이렇게 대답했다.

"참 유감입니다. 2년 반이나 늦어지고 말았습니다."

어린이의 교육은 태어났을 때부터 시작된다는 뜻을 함축하고 있는 에피소드이다.

우리의 전통 사회에서는 아기가 태어나기도 전부터 교육을 시작했다. 이른바 '태교(胎敎)'가 그것이다. 임신 중에 태아기에 좋은 영향을 주기 위하여 임부가 정신적인 안정과 수양을 도모하고, 언행 및 음식과 약물 등을 금기했다. 이유는 임부의 정서 관리, 곧 태아의 형성 발달에서 가장 중요한 것은 모성의 정성스러움이라고 생각했기 때문이다.

송시열의 《계녀서(戒女書)》에 태교의 필요성과 중요성을 함께
강조하고 있는데, 그 내용은 다음과 같다.

"아이를 잉태했을 때는 잡음식을 먹지 말라. 기울어진 자리에
눕지 말라. 항상 바른 생각을 하고 몸을 단정히 하라. 그렇게 하
여 자식을 낳으면 자연히 단정해지리라. 자식은 어미 닮은이가
많다. 이는 열 달을 어미 배에 있었으므로 어미를 닮게 되는 것
이다."

사람만들기 교육

전통 태교에서는 임신부의 친정 부모가 사망을 해도 알리지
않을 정도였고, 아무리 호랑이 같은 시부모라도 며느리가 잉태
한 기미를 눈치채게 되면 임신부에 대한 보호와 대접이 극진
했다고 한다. 그래서 '아이 밴 여자 세도 같다'라는 속언이 생겨
날 정도였다.

유아 교육에서 태교는 서양에서도 이미 그 필요성을 넘어서
중요성이 인정되고 있다. 이런 것을 비추어 볼 때 전통 사회의
자녀 교육, 즉 태교가 얼마나 선각적이었는가를 느낄 수 있다.

'예의'는 인간을 짐승과 구별하는 가장 중요한 덕목이다. 따
라서 인간이 예의를 지켜야 한다는 것은 아무리 강조해도 지나
침이 없다. 예의를 모르는 인간은 다른 부분에서 아무리 뛰어난
일을 하더라도 정신적으로는 하층 계급이다. 또한 사회 생활을
하는 데 있어서 예의를 차리지 못한 사람은 능력에 관계없이 소
외되는 경우가 많다. 상사의 눈에 '버릇없는 놈'이라고 비치게
되면 여러 가지로 손해를 감수해야 하는 것이다.

진정으로 자녀를 사랑하는 사람은 자녀를 사람으로 만든다.
사람만들기 교육에 소홀함이 없다. 때문에 그들에게 불효자식은

존재하지도 않는다.

프랑스의 시인 페기는 다음과 같은 말을 남겼다.

"자신에게 손찌검하는 아들을 둔 아버지는 누구나 죄인이다. 그런 아들을 만들었기 때문이다."

서커스를 보면 호랑이나 사자 등의 동물이 부리는 갖가지 묘기를 볼 수 있다. 흉포한 짐승도 잘 가르치면 말을 듣는다는 사실은 우리 인간에게 시사하는 바가 크다. 동물도 가르치면 그러는데 하물며 사람이……

사람은 교육을 통하여 짐승의 격에서 탈피한다. 걸음마를 가르치지 않으면 인간의 아기는 걷지 못한다. 말을 가르치지 않으면 인간의 말을 배우지 못한다. 이러한 실례를 들자면 많지만, 이것에 관련된 두 개의 실화만 소개해 보겠다.

늑대에게 길러진 아기는 어떻게 자랐는가

1920년 인도의 캘커타 근처 늑대의 동굴에서 여자 아이가 발견되었다. 놀랍게도 그 아이는 생후 6개월부터 8살까지 늑대에게 키워지고 있었던 것이다. 그 때문에 말은 물론이고 서서 걷지도 못하고, 손은 동물의 앞발처럼 쓰고 있었다. 목사 부부가 맡아 인간다운 아이로 되돌리려고 노력했지만, 늑대처럼 엉금엉금 기는 것을 고치는데만도 무려 6년의 세월이 걸렸다고 한다.

또 하나의 실례는, 1799년 프랑스의 파리 교외 아베롱의 숲에서 야생아(野生兒)가 발견되었다. 나이는 열두세 살로 추정되었고, 세 살이 지나서 버려졌음을 알았다. 말은 지껄이지 못했지만 서서 걸을 수가 있고 손을 사용할 줄도 알았다. 그리하여 교육을 시킨 결과 사람의 말을 이해할 수 있게 되었다.

이렇듯 인간의 아기는 키우는 자를 닮으면서 자라는 것이다.

따라서 부모의 '질'이 나쁘면 좋은 아이로는 자랄 수가 없는 것이다.

어릴 적, 곧 유아기(幼兒期)는 인격 형성의 기초가 마련되는 시기이다. 이때 어린이의 뇌에 어버이의 사랑과 인간다움의 기초를 심어 주는 일이 중요한다. 이 박아넣음*이 잘 되어 있지 않을 경우, 뒷날에 여러 가지 인격 장애가 생긴다고 한다.

누구나 부모가 되기는 쉽다. 그러나 부모다운 부모가 되기는 어렵다. 부모로서의 역할을 다하기 위해서는 말로 표현할 수 없을만큼의 자기 희생과 노력이 뒤따라야 하기 때문이다.

아버지를 깨우친 아들

'며느리 늙어 시어머니 된다'는 우리의 속담이 있다.

호랑이 같은 시어머니 밑에서 갖은 구박을 받으면서 살아온 며느리는 대체로 이렇게 생각하는 것이 상정이다.

"나는 무슨 일이 있더라도 늙어서 우리 시어머니처럼 표독스럽고 몰인정한 할망구는 되지 않으리라. 정말 내 며느리를 아끼고 사랑하는 좋은 시어머니가 되리라."

며느리는 시어머니 흉을 보며, 원망하고 증오하며 이런 생각을 수없이 하지만, 막상 자기가 시어머니가 되고 보면 별수 없이 똑같이 엄하고 구박하는 시어머니가 된다는 말이다. 다시 말해 '흉보며 닮아간다'는 뜻이다.

---

*박아넣음(imprint) : 오스트리아의 로렌츠 박사가 처음으로 지적한 말이다. 닭이나 오리 등 갓 태어난 새끼에게 무엇인가 움직이는 것을 주면 그것이 '어버이'로서 새끼의 뇌에 박히게 된다. 그래서 새끼들은 그것을 뒤쫓아 다니는데, 그 이후로는 진짜 어버이는 거들떠 보지도 않으며 가짜 어버이를 사모하는 현상을 '박아넣음'이라고 한다. 인간에 있어서도 이 박아넣음은 기본적인 모자 관계 성립에 결정적인 영향을 준다고 한다.

부전 자전이란 말도 같은 맥락에서 나온 말이다. 아버지가 불효하거나 망나니짓을 하면 자식들은 그것을 흉보면서 닮아가는 것이다.

《오륜 행실도》에 이런 이야기가 나온다.

3대가 함께 살고 있는 집이 있었다. 할아버지가 늙어 거동이 불편하게 되자, 아버지는 할아버지를 섬기는 일에 싫증이 나서 내다가 버릴 생각을 했다. 그래서 아버지는 그 아들인 원각을 시켜 자기의 아버지를 지게에 지고 산속으로 들어갔다.

원각은 몇 번이고 아버지께 눈물로 호소했다.

"아버지, 이러시면 안됩니다. 사람의 탈을 쓰고 어떻게 이런 일을 할 수가 있겠습니까!"

그러나 마음이 고약한 원각의 아버지는 아들의 말을 끝내 듣지 않았다. 하는 수 없이 원각은 눈물을 머금고 깊은 산속에 할아버지를 내다가 버렸다.

할아버지를 버린 원각은 묵묵히 할아버지를 지고갔던 지게를 다시 졌다. 이때 아버지가 얼굴을 찡그리며 말했다.

"얘야, 그까짓 헌 지게는 가져가서 무엇을 하겠느냐? 그것도 내버려라."

이 말을 들은 원각은 아버지의 눈을 유심히 바라보며 싸늘한 목소리로 입을 열었다.

"사람은 누구나 다 늙게 마련입니다. 아버지도 머지않아 할아버지처럼 늙으실 것이 아닙니까. 그때 저도 이 지게에다 아버지를 져다가 산속에 버려야지요."

아들의 이 말을 듣는 순간 아버지의 표정은 흙빛이 되었다. 세상없이 귀하게 키운 아들에게 버림을 받아 산속에 홀로 버려져야할 운명임을 생각하자 하늘이 무너지는 듯한 두려움과 슬픔을 감당할 길이 없었다.

　원각의 아버지는 주먹 같은 눈물을 뚝뚝 떨구며 자신의 불효를 뉘우치고 버렸던 늙은 아버지를 다시 모셔다가 정성껏 봉양했다.

　인간은 흉보면서 닮아가는 생물이다. 그렇기 때문에 《명심보감》은 이렇게 가르치고 있다.

　"내가 어버이에게 효도하면 내 자식은 나에게 효도한다. 내가 어버이에게 효도하지 않는데, 어떻게 내 자식이 나한테 효도할 수 있겠는가!"

◀ 孝 시조 ③ ▶

아버지는 낳으시고

아비는 낳으시고
어미는 치옵시니
호천 망극이라
갚을 길이 어려우니
대순의 종신성효도
못다한가 하노라.

박인로

박인로(朴仁老, 1561~1642)는 조선 선조 때의 문신으로 시문에 뛰어났으며, 역대 작가 중 가장 많은 가사를 남겼다.

이 시조에서 방점을 찍은 '치옵시니'는 '기르시니'의 다른 표현이며, '호천 망극(昊天罔極)'이란 넓은 하늘처럼 끝없음을 이르는 말이다. '대순(大舜)'은 중국 전설상에 나오는 삼황 오제(三皇五帝)중의 한 사람인 순(舜) 임금을 뜻하고, '종신 성효(終身誠孝)'는 부모의 임종 때에 옆에서 모시는 효성이다.

낳으시고 길러주신 부모님의 은혜는 하늘만큼 크고 넓어 도저히 다 갚을 길이 없다는 뜻의 시조이다.

자녀는 부모의 행위를 비추는 거울이다

사숙재*는 장성한 자녀들을 이렇게 훈계했다.

"대체로 아버지가 아들을 대하는 관계는 농부가 농사를 짓는 것과 같다. 농부가 곡식을 잘 길러서 좋은 결과를 이룩하지 않으면 마침내 굶주리는 환난을 당하게 될 것이요, 아버지가 아들을 잘 가르쳐 좋은 결과를 이룩하지 않으면 마침내는 고약하고 위태로운 화를 불러오게 될 것이다. 이치가 그러한데 농부가 땅을 푸석푸석하게 잘 갈고 김매어 기름진 옥토를 만드는 방법, 그리고 아버지가 아들을 잘 가르치고 훈계하여 모든 일에 힘쓰게 하는 방법을 어찌 조금이라도 늦추어 마음속에서 잊어버리게

---

*사숙재(私淑齋): 조선 세종 때의 명신 강희맹(姜希孟)의 호이다. 경사(經史)에 밝고 문장에 뛰어나 신숙주 등과 함께 《세조 실록》을 편찬하였으며, 이조 판서·좌찬성을 지냈다. 저서로는 《사숙재집》등이 있다.

하겠는가?

　귀여운 자식을 기르는 데 있어서 다음을 명심하라.

　자식들이 날마다 부모가 부귀를 누리고 사는 것만 본다면 남
들도 다 이와 같이 살고 있다고 생각할 것이다. 그러면 자식들
은 어찌 오늘 아름다운 비단으로 가볍고 따뜻한 옷을 만들어 입
는 것이 곧 지난날에 거칠은 옷을 입고 검소한 생활을 했기 때
문이라는 것을 알겠는가?

　오늘 기름지고 맛이 있는 음식을 먹는 것이 곧 지난날에 거칠
은 생활에서 쌓아올린 보람인 사실을 알겠는가? 그 근원을 알
지 못하면 그들이 어찌 보람있는 일을 할 수 있겠는가?"

　동서 고금을 통하여 자녀 교육의 중요성은 누누이 강조되고
있다.

　"자식을 불행하게 하는 가장 확실한 방법은 언제나 무엇이든
지 가질 수 있게 해주는 것이다."

　루소의 교육 소설 《에밀》에 나오는 말이다. 과잉 보호의 어버
이에 대해서는 멀리 고대 그리스의 신화 시대부터 나타나고
있다. 자기 자식을 못 쓰게 만드는 애정이라 해서 '악마의 애정'
이니 '크로노스*콤플렉스(Cronos complex)'니 하고 말해 왔다.

　풍요로운 현대 사회의 자녀들은 물질의 궁핍을 잘 모른다. 원
하는 것은 부모를 통해 쉽게 손에 넣을 수 있다. 일부 부모들은
궁하게 해주지 않는 것을 자녀 사랑이라고까지 생각한다.

　그 결과 신세대들은 돈과 물질의 소중함을 제대로 배우지 못
했다. 부모가 어떻게 재산을 모았는지, 가계를 꾸리기 위하여

---

*크로노스(Cronos): 그리스 신화에 나오는 농경과 계절의 신. 우라노스와 가이아의
　아들이며 제우스의 아버지. 자기 아들에게 주권을 빼앗긴다는 예언으로, 태어난 아
　이를 차례차례 삼켜 버렸는데, 난을 피한 제우스가 명부(冥府)에 유폐시켰음.

어떠한 고생과 노력을 하고 있는지를 잘 모르기 때문에 부모님의 노고에 감사하는 마음을 갖지 못하는 것이다.

루소의 이론에 따르면, 현대의 부모들은 가장 확실한 방법으로 자녀들의 불행을 교육시키는 결과를 빚고 있는 것이다. 옛말에 '어린이를 키우는데 3할의 추위와 3할의 굶주림'이 절대 필요하다고 했고, 진정으로 자녀를 사랑한다면 함부로 과보호하지 말라고 했다.

자녀를 훌륭한 인간으로 성장시키기 위해서는 풍요의 근원, 결과가 있기까지의 원인을 가르치는 자세가 무엇보다 중요하다고 말하고 있는 것이다.

영국의 철학자 H·스펜서는 '어린이는 부모의 행위를 비추는 거울'이라고 했고, 미국의 교육자 M·M·스코트는 '완전한 교육을 어린이에게 남기는 것은 가장 좋은 유산'이라고 했다. 또한 독일의 교육학자 헤르바르트는 '한 명의 현모(賢母)는 백 명의 교사에 필적한다'라고 말했으며, 《에밀》을 통해 루소는 '세계에서 가장 유능한 교사보다도 분별이 있는 평범한 아버지에 의해서만 자식은 훌륭히 교육된다'라고 역설했다.

어린이는 어른을 보고 자란다. 그리고 가장 가까운 어른은 부모이다. 어린이는 부모의 일거수 일투족을 흉내내면서 성장하는 것이다.

따라서 좋건 나쁘건 어린이는 행동 거지에서 말투까지 부모의 평소 모양을 그대로 비추는 거울이 된다. 이 말은 자녀가 온전치 못하다면 그것은 부모 자체가 온전치 못하다는 실증이 되는 것이다.

자녀는 가정 교육을 통하여 사람으로 만들어야 한다. 나쁜 버릇은 매를 때려서라도 바로잡아 놓아야 하는 것이 부모된 사람

94

의 책무이다. 《성서》에도 '매를 때리지 않는 것은 내 자식을 미워하기 때문이다.'라고 명문화하고 있다. 즉 자식을 엄격히 훈육하지 않는 것은 그 자식을 미워하는 것과 같다는 뜻이다.

《이솝 우화》에 다음과 같은 이야기가 나온다.

장난감을 훔쳐온 자식을 그 어머니는 야단치는 적이 없었다. 자식은 커서 큰 도둑이 되고, 마침내 그 죄로 말미암아 처형을 당하게 된다. 그 도둑은 어머니를 원망하며 이렇게 절규한다.

"어머니, 당신은 어째서 그때 나를 때리며 야단쳐주지 않았습니까!"

어째서 많은 부모들은 스스로 자녀를 불효자로 만들어 놓고 그 불효를 원망하는가.

거듭 말하지만, 원인이 없는 결과는 없다. 자녀의 불효, 인류의 타락을 개탄하기에 앞서 스스로 그런 자녀를 만들었던 부모 세대의 반성이 선행되어야만 한다.

다음은 자녀 교육에 관한 명언·명구를 모았다. 뜻을 깊이 음미해 보면 이미 부모가 된 사람들, 그리고 앞으로 부모가 될 예비 부모들에게 시사하는 바가 클 것이다.

자녀 교육을 위한 명언·명구
• 그 집안을 다스리지 못하면서 능히 남을 가르치는 사람은 없다. ─《대학·大學》
• 교육은 인격의 형성을 목적으로 한다. ─H·스펜서
• 교육은 번영할 때는 더욱 빛을 발하고, 역경에서는 몸을 의탁할 수 있는 보호처이다. ─아리스토텔레스
• 아침이 한낮을 가리키듯이 유년(幼年) 시절은 성인을 시사한다. ─밀턴

· 매를 아끼면 자식이 쓸모없이 된다. — 서양 속담

· 가정 교육이 나쁜 학자를 현학자(衒學者)라고 한다. 가정 교육이 없는 철학자를 냉평가(冷評家)라고 한다. — 체스터필드, 18세기 영국의 정치가.

· 자기 자식에게 육체적인 노동을 가르치지 않는 것은 그에게 도둑의 준비를 시키는 것과 마찬가지이다. — 《탈무드》

· 교육의 뿌리는 쓰지만 그 과실은 달다. — 아리스토텔레스

· 작은 가지는 어릴 때 굽혀야 한다. — 영국 속담

· 가족의 진정한 기쁨은, 자식들에게 존경심을 가르침과 동시에 자식까지도 존경하고, 필요한 만큼의 훈련은 베풀지만 절대로 정도를 넘지 않아야 한다. — 러셀

· 교육은 어머니의 무릎에서 시작되고, 유년 시절에 전해 들은 모든 말이 성격을 형성한다. — 말로, 영국의 지리학자

· 자식을 기르고 가르치지 않는 것은 아버지의 잘못이다.
　　— 《고문 진보·古文眞寶》

· 모진 고생보다 나은 교육은 없다. — 디즈레일리

· 병아리는 수탉이 가르치는 대로 노래한다. — 프랑스 속담

· 예의의 어떤 외면적인 표시도, 깊은 도덕적인 근본을 가지고 있다. 이 표시와 근본을 동시에 전하는 것이 참된 교육이다. — 괴테

· 어린이에게는 복종하는 것만 잘 가르쳐 놓으면 다른 일은 좋아하는 대로 하게 해도 된다. — B·프랭클린

· 말을 가지고 가르치기보다는 실행으로 보이라. — 스마일즈

· 가장 잘 키워진 어린이란 그 부모를 있는 그대로 보아왔던 어린이다. 위선은 부모의 첫 의무가 아니다. — B·쇼

· 소금기가 없는 고기와 엄하게 꾸짖지 않는 자식은 부패

한다. - 덴마크의 속담

• 나는 원숭이가 배우는 식으로 배웠지요. 원숭이는 자기 부모를 관찰하지요. - 찰스, 영국 황태자

• 자식에게 미움받은 적이 없다면 당신은 진정한 부모가 되어 본 적이 없었던 것이다. - 데이비스

• 온 정성을 다해 자녀들을 사랑하세요. 너무 늦기 전에 그들을 단련시킬 수 있도록 충분히 사랑하세요. 중요한 일들에 대해서는 약간 과장을 할 정도로 칭찬을 하세요. 그들이 살아가는 데는 빵이 필요하듯이, 아니 그 이상으로 칭찬이 필요해요. - 퓨갈

• 아버지가 자식들을 위해서 할 수 있는 가장 중요한 일은 그들의 어머니(즉 아내)를 사랑하는 것이다. - 헤즈버그

• 무엇보다도 나는 그에게 '진실을 말하라'고 가르치리라. 내가 알기로는 진실을 말하는 것은 책임감있는 시민 정신을 기르는 비결이다. 40년간 법률을 집행하는 중에 내가 보아온 수천 명의 범죄자는 한 가지 공통점을 가지고 있었다. 모든 범죄자가 거짓말쟁이였다는 것이다. - 후버

• 항상 행동을 바르게 가져라. 특히 아이들 앞에서 바르게 가져라. 아이들에게 약속한 일은 무슨 일이 있더라도 지켜야 한다. 그렇지 않으면 결국 아이들에게 허위를 가르치는 결과 밖에 안된다. - 〈탈무드〉

자식의 운명은 그 어머니가 만든다

"윗물이 맑아야 아랫물이 맑다."

윗사람의 행실이 발라야 아랫사람도 행실이 바르게 된다는 속담이다. 실로 촌철 살인(寸鐵殺人)의 경구가 아닐 수 없다.

필자는 앞에서 부모로서의 자녀 교육을 강조했다. 불효자와 패륜아를 양산한 부모 세대들이 자녀들을 꾸짖기에 앞서 먼저 반성해야 한다고 역설했다. 이러한 자각이 없이는 땅에 떨어진 인륜 도의를 바로 세우는 것은 요원하다.

세상에 빛을 남긴 위인들에게는 한결같이 훌륭한 어버이의 위대한 가르침이 있었다. 어버이, 특히 어머니가 자식을 훈도한 예는 얼마든지 있다.

맹자(孟子)의 어머니는 맹자가 학업 중도에 돌아왔을 때 비장한 마음으로 짜고 있던 베틀의 실을 끊어버렸다. 무엇이든 중도에서 그만두면 안 된다는 가르침을 주기 위해서 였는데, 이를 '단기(斷機)의 훈계'라고 한다. 또한 '맹모 삼천지교'*라는 유명한 고사를 남겼다.

간디(Gandhi)의 어머니, 부드(Booth)**의 어머니, 어거스틴〔Augustine〕의 어머니, 김구(金九)의 어머니, 안중근의 어머니, 김유신의 어머니 등등, 모두 자식을 격려하며 좋은 길로 인도하고 감화시켜 훌륭한 사람이 되도록 고취했다.

백범은 보기 드문 효자였다. 자서전《백범 일지》를 보면 가슴을 찡하게 만드는 대목이 많이 나온다. 아버지가 병석에 누웠을 때의 기록을 잠시 여기에 옮겨 적어 본다.

허벅지살을 도려낸 백범

아버지의 병세는 상당히 위중했다. 나는 정성껏 시탕하였으나 병세의 차도는 없었다. 우리 집이 워낙 궁벽한 산촌인데다가 가난했기 때문에 고명한 의사를 부른다거나 영약을 쓸 처지는 못 되었다.

나는 문득 까마득한 지난날을 생각했다. 예전 할머니께서 돌아가시기 전에 아버지께서 단지*** 하셨던 일이 머리에 생생하게 떠올랐던 것이다.

'그렇다! 단지를 하면 소생하실는지도 모른다.'

---

*맹모 삼천지교(孟母三遷之敎) : 맹자의 어머니가 맹자를 가르치기 위하여 세 번 이사했다는 고사. 처음에 공동 묘지 가까이 살았는데 맹자가 장사지내는 흉내를 냈다. 그래서 시장 근처로 집을 옮겼는데 이번에는 물건 파는 흉내를 냈다. 그래서 또다시 글방있는 곳으로 옮겨 공부를 시켰다 함.
**부드(Booth William) : 영국의 감리교 목사. 그 직을 물러나서 런던의 빈민굴에서 전도를 시작하여 1874년 구세군을 창설하고, 초대 사령관이 됨. 저서로《암흑의 영국에서》가 있음.
***단지(斷指) : 부모나 남편의 위중한 병을 구하기 위해 피를 내어 먹이려고 자기 손가락을 자르는 것.

나는 단지를 하려고 부엌으로 갔다. 그러나 다시 생각해 보니 어머니께서 마음 아파하실 것 같아서 그 생각을 바꾸고 할고*를 결심했다. 다음날 나는 어머니가 안 계신 때를 틈타 왼쪽 허벅지에서 고깃점 한 점을 베어냈다. 아찔한 아픔이 전신으로 퍼지면서 붉은 피가 받쳐놓은 사기그릇에 쏟아졌다. 그 피를 아버지의 입에 흘려 넣어드리고, 살은 불에 구워서 약이라고 하여 잡수시게 하였다.

그러나 시원한 효험이 없었다. 나는 피와 살의 분량이 적기 때문에 효험이 없다고 생각했다.

'좀더 많은 살을 떼자!'

나는 이를 악물고 칼을 잡았다. 살을 떼어낼 때의 아픔을 생각하니 온몸에 소름이 돋고 겁이 났다. 먼저보다 천백 배의 용기를 내어 살을 베기는 베었지만 그것을 떼어내자니 견딜 수 없을 정도로 아팠다. 그래서 허벅지의 살을 썰어놓기만 했을 뿐, 조금도 떼어 내지 못했다.

나는 썰어놓은 허벅지를 보면서 이렇게 탄식했다.

"아아, 단지나 할고는 진정한 효자가 할 수 있는 일이로다. 나와 같은 불효자가 어찌 효자가 되겠는가!"
백범의 자서전 《내가 원하는 우리 나라》중에서 발췌.

백범의 어머니

백범이 살아오면서 그때그때 영향을 받은 스승이 몇 분 계시지만, 무엇보다 부모님의 영향이 가장 컸다. 특히 어머니 곽씨(郭氏)의 헌신적인 사랑은 모든 여성, 모든 어머니들의 귀감이 되고도 남음이 있다.

백범의 어머니 곽씨는 글을 배우지 못한 일자 무식이었다. 그

---
*할고(割股) : 허벅지의 살을 베어냄.

러나 자식의 교육과 뒷바라지를 위해서 온갖 희생을 달게 감수
했다. 백범이 105인 사건*으로 옥에 갇혔을 때 그 어머니는, '나
는 네가 경기 감사를 한 것보다 더 기쁘게 생각한다' 면서 아들
에게 용기를 심어 주었다. 어머니의 이런 말이 백범에게 큰 힘
이 되었음은 두말할 나위가 없다. 또한 곽씨는 백범이 나라 일
에만 전념을 할 수 있도록 세심한 배려를 아끼지 않았다. 9년 만
에 아들을 만난 자리에서 했다는 다음의 말에서 그녀의 정신 세
계를 느낄 수 있다.

"나는 이제부터 너라고 아니하고 자네라고 하겠네. 또 말로
책할지언정 회초리로 자네를 때리지는 않겠네. 이유는, 듣건대
자네가 군관 학교를 설립하고 청년들을 교육한다니, 남의 사표
(師表)가 된 모양이라, 그 체면을 보아주자는 것일세."

자식이 걷는 길을 한없는 자랑으로 여겼던 어머니, 격려와 용
기를 아끼지 않았고 꾸짖을 때는 엄하게 꾸짖었던 어머니가 있
었기에 백범이라는 인물이 존재할 수 있었던 것이다.

'자식의 운명을 그 어머니가 만든다'는 실례는 많다.

데어도어 루즈벨트 대통령은 그의 세 아들이 군복무를 하겠다
는 의사를 표시했을 때 무척이나 자랑스럽게 생각했다.

"그래, 남자라면 군대라는 특수 집단에서 생활해 보는 것이
큰 경험이 된다. 강인한 정신력과 함께 협동의 가치를 배울 수
있고, 그 밖에도 얻는 것이 많단다. 아버지는 너희들의 결심을

---

*105인 사건 : 1911년에서 이듬해에 걸쳐 일제가 조작하여, 민족주의자들을 체포·투
옥한 사건. 1910년 선천(宣川)에서 안명근의 조선 총독 데라우찌 마사다께 암살 미수
사건이 일어나자, 이를 구실로 각계의 지도층 인사 600여 명을 체포하고, 이듬해에
그 중 윤치호·양기탁·이승훈 등 신민회회원 105명을 징역에 처하였음. 이 사건으로
신민회는 자연 해체됨.

자랑으로 생각하겠다."

그러나 막내인 넷째 아들마저 군대에 가겠다고 했을 때는, 제 아무리 강인한 의지를 가졌다 하더라도, 대통령도 인간인 이상 그것을 만류하였다.

"너희들 모두 내 품을 떠난다는 것을 있을 수 없어."

이 말에 그의 아내가 재빨리 입을 열었다.

"여보, 만약 아이들을 독수리같이 기르고자 한다면 참새처럼 날게 할 수는 없잖아요."

어머니의 엄숙한 책무와 여성의 직업 사이의 문젯거리

실제로 엄격한 데가 있는 어머니를 모신 자녀는 행복하다. 왜냐하면 그런 어머니는 동물적, 즉 본능적인 사랑에서 더욱 향상하여 정신적이고 영적인 단계의 차원 높은 사랑을 쏟기 때문이다.

어머니를 사랑이 깊다는 뜻으로 '자모(慈母)'라고 일컫는다. 이 말이 내포하는 의미처럼 유별나게 엄한 어머니란 드물다. 하지만 그 감화는 일생을 통하여 자녀에게 영향을 주며, 어릴 때부터 평생 동안 일관되는 성격에 힘찬 반향심을 부여하는 것이다.

어머니의 책무 중에서 가장 중요한 것은 사랑으로 자식의 정신과 영혼을 훈도하는 것이다. 어머니의 자식 사랑이란 곧 실천을 말한다. 아이를 보육하고 기꺼이 그 뒤를 보살피는 노무에 견딜 수 있는 것이 모성애인 것이다.

어머니가 손수 육체의 보살핌과 노동의 봉사를 전제로 하지 않는 이상 자녀를 감화시킬 수는 없다. 포유(哺乳)와 자질구레한 보살핌은 유모에게, 훈육은 가정 교사에게 맡기는 어머니는 결코 자녀를 감화시키지 못한다.

'노동과 희생'은 모성애를 신성한 것으로 하는 조건이다. 어머니가 자녀를 위하여 노동과 희생을 바침으로 하여 모자간의 사랑이 심화되고, 감사와 신뢰의 요인이 되는 것은 물론이다. 노동과 희생이 상대적으로 덜 미치는 부유한 집안의 어머니와, 자녀의 양육과 교육을 위해 희생적으로 일해 준 어머니와는 자식이 느끼는 감정은 크게 다른 것이다.

현대 사회는 여성의 사회 참여가 높아 졌고, 맞벌이하는 부부가 날로 증가하고 있다. 따라서 홀로 크면서도 과잉 보호 속에 자라는 아동들이 증가되었다. 어머니가 직장 생활을 하는 동안 아이는 다른 사람에 의해 양육되고 있는 것이다. 아이의 입장에서 볼때 이것은 낮시간 동안 정신적으로 버림을 받고 있는 것이다. '인간형성의학'에서는 이러한 현상을 크게 우려하고 있다. 아이가 어머니에 의해 양육되지 않는다면 기본적인 인간형성에 장해가 나타나기 쉽다고 하는 의학 연구 때문이다.

이 말을 근거없는 소리라고 반박할 여성도 있을 수 있다. 그러나 인간은 지극히 델리케이트하고 복잡한 메커니즘을 가진 생물이라는 사실을 알아야 한다. 인간의 아기는 그 어머니가 언제나 그때그때 필요한 자극을 주지 않으면 제대로 성장하지 않는다. 어린이의 마음을 헤아리며 대응하는 엄마의 마음이 절대 필요한 것이다.

이미 의학과 사회학적으로 증명된 사실이지만, 육아원에 맡겨서 키운 아이와 엄마가 키운 아이와는 커다란 차이가 있다고 한다. 육아원에 맡겨서 키운 아이들은 정서 불안을 느끼게 되고, 인간으로서의 소양(素養)은 저하될 수밖에 없다는 것이다. 또한 엄마의 인간적인 배려의 감소를 물질적으로, 또는 과잉 사랑으로 상쇄시키려 든다. 여기에서 파생되는 인간의 감정에 대한 문제는 여러 가지 형태의 문제를 남기게 된다.

모자간의 유대가 희박한 상태에서 아이는 사랑을 배우지 못한다.

어린 자녀를 둔 여성과 직업의 문제는 결코 모순없이 해결될 성질의 문제가 아니다. 아이에 치중하자니 일이, 일에 치중하자니 아이가 걸림돌로 작용하는 것이다.

아이를 떼어놓아도 나쁘지 않다는 가치관의 형성도 일종의 문명병이라 할 수 있다. 그것은 어머니로서의 엄숙한 책무를 저버리는 행위임은 명백하다. 육아를 희생시켜가며 일하는 어머니들, 현재 자기는 실로 만족할지 모르지만, 가정의 조화와 아이의 인간 형성에는 치명적인 타격을 주게 된다. 이러한 사실을 깊게 생각한 연후에 양육과 일, 그중에 하나를 택해야 한다.

물론 생계를 위하여 어쩔 수 없이 아이를 남의 손에 맡기는 경우도 많다. 이런 경우에는 더욱 세심한 배려가 필요하다.

직업에는 흔히 '전선(戰線)'이란 말이 덧붙는다. 직장은 전쟁터와 같다는 의미에서 생겨난 말이다. 전투 중에 한눈 팔 여유는 없다. 오직 자신의 맡은 바 소임에 전력 투구해야 한다. 이것이 바로 프로 정신이다.

여성도 직업을 갖는 이상 프로가 되어야 한다. 신체상·성격상·사정상의 이유를 들어 힘들고 어려운 일을 회피하려고 한다면 프로로서는 실격이다. 직장에 나온 이상은 가정의 일은 까맣게 잊어버릴 수 있는 것이 프로의 근성이다. 아이는 어떻게 지내고 있는지, 저녁 식단은 어떻게 차려야 하는가를 생각하고 있어서는 일에 전념할 수 없다.

일에 충실하면서도 가정을 잘 꾸려나갈 수 있다면 더할 나위

세상의 부모는 자기 자식을 추하다고 생각하지 않는다.
세르반테스

없이 좋다. 그러나 어디까지나 그것은 '희망 사항'으로 끝나는 수가 많으며, 오히려 그 정반대의 상황이 되는 경우가 많다. 일도 못하고 가정도 엉망으로 만들어 버리는 것이다.

어쨌든 현대 사회는 여성의 사회 참여를 요구하고 있다. 여성들 스스로도 자기의 일을 갖지 않으면 상대적인 소외감과 무력감을 느껴 갈등을 한다. 현실은 이러한데 사회는 아직도 남성 위주의 관행에서 크게 벗어나지 못하고 있다. 특히 임신한 여성은 직업 사회에서 보호받지 못하고 있으며, 모성애와 직업과의 모순은 국가의 보호 정책이 확립되기 전에는 해결할 길이 없다는 것이 문제이다.

실례로 이스라엘의 키부츠에서의 집단 보육은 모자 분리(母子分離)에 매우 세심한 배려를 하여 여성의 사회 진출을 돕고 있다. 직장이나 그 가까운 곳에 보육실을 두어 어머니와 아이가 완전 분리되는 것을 방지한다. 어머니는 틈틈이 보육실에 들러 모유를 먹이거나 스킨십을 하여 모자간의 유대가 희박해 지지 않도록 노력한다. 이유는 자녀의 올바른 성장에 부모의 스킨십이 절대 필요하다는 철저한 교육 철학이 있기 때문이다.

우리 사회도 이러한 제도적 장치가 마련된다면 모성애와 직업 사이에서 생기는 갈등은 많이 해소될 것이다.

그러나 여성의 직업적 진출이 그대로 여성의 생활 향상, 행복 증진의 지표라고 생각할 수는 없다. 직업의 세계에서 살고 있는 남성들 중에도 가련한 직업인이 많다. 가족의 부양 때문에 전공이나 적성에 전혀 맞지 않는 직업에 종사하는 사람이 부지 기수인 것이다.

일부 톡톡 튀는 여성들이 가정형의 다수 여성들의 사회 참여를 부추기고, 자극하고, 상대적인 열등감을 유발시키고 있기는 하지만, 어디까지나 여성의 가장 큰 행복은 가정에 있는 것이 아닐까……?

불량 소년을 세계적인 의사로 성장시킨 어머니의 숭고한 사랑

"자식의 장래는 그 어머니의 노력에 따라 정해 진다."

나폴레옹의 말이다. 이 말은 인간이 생존하는 한 불변이며, 지금도 훌륭한 어머니는 자녀를 훌륭히 성장시켜 사회로 내보내고 있다.

한국 선교 90주년을 맞아 내한한 소아 뇌수술의 일인자 벤카슨 박사(미국 존스 홉킨스대학 부속병원 소아신경외과 과장)의 어머니는 최악의 환경에도 불구하고 아들을 세계적인 의사로 성장시켰다.

그는 디트로이트의 가장 빈민가에서 태어났다. 8세때 부모가 이혼하여 편모 슬하에서 자랐다. 환경이 그러하다 보니 그는 자연스럽게 불량 소년들과 어울려 싸움질을 일삼기 시작했다.

학교 생활도 순탄하지 못했다. 흑인이라 늘 따돌림을 받았고, 국민학교 5학년 때까지도 산수 시험 30문제 중 한 문제도 맞히지

106

못해 급우들로부터 항상 놀림을 받았다. 언제나 꼴찌는 그의 차지였다.

그의 어머니 소냐 카슨은 가족의 생계를 위하여 쉬지 않고 일했다. 밤이 늦어서야 납덩어리처럼 피곤한 몸을 이끌고 귀가했지만, 자녀들에게 세심한 배려를 아끼지 않았다.

"애야, 넌 마음만 먹으면 어떤 사람이라도 될 수 있어. 노력만 하면 돼."

어머니는 날마다 이런 말로 용기를 주며 아들을 바른길로 인도하려고 무진 애를 썼다.

카슨은 국민학교 5학년 때 꼴찌를 했다고 자신을 놀리는 급우들과 싸움을 했다. 상대편의 수효가 많았기 때문에 때리기도 많이 때렸지만 맞기도 많이 맞았다. 얼굴은 터지고 퉁퉁 부었다. 거기다가 눈에 티까지 들어가 몹시 쓰라리고 아팠다.

그날 밤, 늦게 귀가한 어머니는 아들의 그런 모습을 보고도 말이 없었다. 묵묵히 약을 발라 주고 찜질을 해주던 어머니는 아들을 가만히 눕히고 유방을 내어 젖을 눈에다 두세 방울 떨구어 주었다.

벤 카슨 박사는 그때를 회상하며 이렇게 말했다.

"부드럽게 눈꺼풀에 스며드는 젖에 쓰라리고 아프던 눈속이 축축해져서 티가 빠졌습니다. 그때 나는 어머니의 동물적이고도 뜨거운 사랑을 느꼈습니다."

어머니는 아들을 품에 꼭 안아주며 평소처럼 용기를 주는 말을 했다.

"애야, 넌 마음만 먹으면 어떤 사람이라도 될 수 있어. 노력만 하면 돼. 노력이 사람을 위대하게 만드는 가장 중요한 요소란다."

어떠한 경우라도 포기하지 않고 최면술사적으로 용기를 불어넣어 주던 어머니의 사랑은 마침내 아들의 인생을 변하게 만들었다. 그는 노력하기 시작하면서부터 조금씩 성적이 향상되어 사우스 웨스턴고교를 3등으로 졸업했고, 명문 미시간대학 의과대학에 합격하여 연구·노력한 결과 마침내 세계적인 명성을 얻게 된 것이다.

아들을 위한 어머니의 고학

옛날 일본의 어느 고장에 외아들을 기르고 있는 한 과부가 있었다. 과부는 아들이 아비없는 자식이라고 남에게 천대받지 않고 훌륭한 사람이 되기만을 밤낮으로 빌었다.

세월이 흘러, 아들은 서당에 나가 한학(漢學)을 배우게 되었다. 과부는 한문을 배우지 못했으므로 아들의 공부를 보살펴 줄 수 없었다. 다른 아이들은 학식있는 아버지가 있어 아들의 공부를 보살펴주는데, 과부는 해 주지 못하는 것이 늘 안타깝고 죄스러웠다.

그래서 과부는 어떻게 하면 아들의 공부를 도울 수 있겠는가를 곰곰이 생각했다. 깊은 생각 끝에 한 방법이 떠올랐다. 그것은 그녀도 알고 있는 쉬운 가나*로 선생님의 말을 전부 받아 적어 아들을 가르치겠다는 것이었다.

그날부터 과부는 비가 오나 눈이 오나를 가리지 않고 아들이 공부하는 글방 문가에 숨어 선생님의 말소리를 한마디도 놓치지 않고 받아 적었다. 그리고 아들이 집에 와서 복습할 때, 자세히

---

*가나(かな): 일본 고유의 음절(音節) 문자. 한자의 일부를 빌려 그 일부분을 생략하거나 또는 극도로 초서화(草書化)하여 만들었음. 가다까나와 히라가나가 있음.

듣고 있다가 잘못된 것을 바로 가르쳐 주곤 했다.

아들은 어머니가 창 밖에서 공부를 하고 계시다는 것을 눈치 채지 못했지만, 어머니의 지극한 정성 때문이었음인지 공부를 잘했다. 이렇게 해서 아들은 학문의 결실을 맺어 나중에 훌륭한 교수가 되었다.

교수가 된 아들은 어느 날 서재를 정리하다 이상한 노트를 발견했다. 누렇게 퇴색된 노트였는데 장마다 쉬운 가나로 《논어》를 옮겨 적은 것이었다. 유심히 살펴보니 어머니의 글씨였다.

그날 밤 아들은 그 노트를 어머니 앞에 내놓고 물었다.

"어머니, 이 노트는 논어를 가나로 옮겨 적은 것인데 어머님이 쓰신 것 같습니다. 제 말이 맞습니까?"

그제야 어머니는 감격어린 어조로,

"그것은 네가 어렸을 때 너를 가르치려고 글방의 창 밖에서 고학한 노트란다."

하고 그 사연을 말했다.

그 이야기를 들은 아들은 머리를 숙인 채 하염없이 눈물을 흘리며 어머니의 은공에 감사했다.

모성애, 그 위대한 힘

세상에 모성애처럼 숭고한 사랑은 없다. 여자가 아름다운 것은 그 마음속에 진한 모성애를 간직하고 있기 때문이다.

모성애는 강하다. 어떠한 악인이라도 모성애로 무장한 어머니의 사랑 앞에서는 교화된다. 아름다운 사회, 살기 좋은 나라, 평화로운 세상을 만들기 위해서는 어머니가 어머니로서의 본분을 다해야 한다. 시대를 만드는 어머니로서의 사명을 자각하고 실천할 때, 그 사회의 미래는 밝아질 수밖에 없는 것이다.

유태 격언에 '신(神)은 도처에 가 있을 수 없기 때문에 어머니들을 만들었다.'라는 말이 있다. 현명한 어머니는 백 명의 스승보다 더 많은 것을 자녀에게 가르치는 것이다.

아름답고 감동적인 모성애에 관한 이야기는 수두룩한데, 여기에 그 숭고한 사랑을 느낄 수 있는 세 가지의 이야기를 소개한다.

어느 어머니의 눈물어린 호소

재수생을 위한 어느 특수 학원이 있었다. 이 학원은 마치 사관학교 교육처럼 기숙사 생활을 하면서 엄격한 규율과 강훈을 통해 학력을 증진시켰고, 규율을 위반하는 학생을 가차 없이 퇴교시켰다.

그런데 어느 날 밤, 세 명의 재수생이 의기 투합해서 기숙사의 울타리를 넘은 후 옆 마을의 술집에 스며들어 술을 퍼마셨다. 입시에 대한 공포와 절망감은 규칙을 어겼다는 기묘한 쾌감과 어울려 세 명의 젊은이를 흠뻑 취하게 만들었다.

갑작스레 마신 술로 이성을 잃어 버린 이들은 이윽고 학원으로 돌아와 난동을 부리기 시작했다. 유리창을 깨고 의자를 던지는 등으로 해서 학원은 발칵 뒤집혔다.

이튿날 아침 교무 회의에 이 문제가 거론되었다. 무단 이탈·음주·기물 파괴의 죄를 물어 퇴교 처분이 내려 졌고 당일로 집으로 보내 졌다.

사흘이 지난 후, 퇴교 당한 한 학생의 어머니가 아들을 데리고 학원에 나타났다. 그 어머니는 교사들 앞에서 못난 아들이 학원규칙을 어기고 면학 분위기를 해친 데 대해 진심으로 사과했다. 그러면서 조심스레, 학생들 앞에서 자식의 잘못을 공개적으로 사과할 수 있도록 한자리에 모이게 해달라는 부탁을 했다.

이 부탁이 받아들여져 학생들이 강당에 모였다. 학생의 어머니는 빽빽이 들어찬 재수생들 앞에서 눈물을 흘리며 말했다.

"너희들은 내 아들과 똑같은 환경에 처해 있는 재수생들이다. 내 아들이 일시적 충동을 이기지 못 해 규칙을 어기고 너희들의 공부까지 방해한 것을 죄송스럽게 생각한다. 이 모두가 아들을 잘못 키운 이 어미의 잘못이다. 제발 너희들은 이것을 교훈삼아 내 아들과 같은 길을 밟지 말고 더욱 학업에 정진해서 좋은 결과를 얻도록 해라."

그 어머니의 정성어린 호소에 장내는 숙연해 졌다. 교사도 재수생들도 이 말에 감명을 받은 것은 분명했다.

그 어머니가 아들의 손을 잡고 학원을 떠난 다음, 남아 있던 학생들은 저마다 자발적으로 그 학생을 학원으로 돌아오게 해달라는 청원서를 작성하기 시작했다.

학생 전원이 서명한 청원서가 교무 회의에 제출되었다. 학원 측도 그 어머니의 아들이라면 다시는 잘못을 저지르지 않으리라는 결론을 내렸다.

그리하여 퇴교 당한 학생은 그 다음날 학생과 직원들의 따뜻한 박수를 받으며 다시 학원으로 돌아 왔다.

신사임당은 율곡이 어려서 종아리 맞을 일을 하였을 때, 아들의 종아리를 치고 나서는 아들에게 자신의 종아리를 치도록 했다. 아들에게 매맞을 일을 하도록 가르친 어미에게도 잘못이 있다고 생각했기 때문이었다.

나무에 가위질을 하는 것은 나무를 사랑하기 때문이다.

　현명한 부모는 자녀에게 사랑으로 윤리와 도덕을 가르치고 그 것을 실천하게 한다. 또한 잘못했을 때 꾸짖고, 잘 했을 때는 칭찬하는 것에 조금도 치우침이 없다. 그것이 올바른 가정 교육이다.

　다음은 모성애의 위대한 힘을 말해 주는 어느 외국인의 수기에서 따온 것이다.

소용돌이치는 강물과 싸운 어머니

　햇볕이 내리쬐는 뒤뜰에서 아직 학교에 들어가지 않은 나의 세 아이들이 놀고 있었다. 그곳은 부엌 창문에서 잘 내다보인다.

　세 살 난 메리젠이 들어왔다.

　"엄마, 나 흙투성이가 됐어요."

　나는 한 손으로 아이의 더러워진 갈색 양복을 밝은 오렌지색의 편한 새 옷으로 갈아입혔다. 나는 한쪽 손밖에 쓰지 못한다. 지난달의 큰 사고로 오른손에 붕대를 감고 있기 때문이다.

　옷을 갈아입은 막내가 다시 밖으로 뛰어나갔다. 이때 그 모습을 물끄러미 지켜보던 남편이 내 볼에 키스하면서 말했다.

　"잠깐 물건을 사와야겠소."

　남편이 나가고 잠시 후, 현관의 벨이 찌르르 울렸다. 친구였다. 그녀는 3분쯤 이야기하다가 돌아갔다. 나는 다시 아이들을 내다보았다.

　다섯 살 난 베니카, 네 살 난 리이는 뜰에서 놀고 있었는데, 메리젠은 어디 갔는지 도무지 보이지 않았다.

　"메리젠은 어디 갔니?"

　나는 둘째 아이에게 물었다.

"오리 잡으러 갔어요, 엄마."

베니카가 손가락으로 강쪽을 가리켰다.

"뭐라구? 저 강에 갔다구?"

나는 소스라치게 놀라 소리치며 강둑을 보았다. 강둑에는 아무도 없었다. 그래서 나는 부리나케 강가로 나갔다. 강물은 비온 뒤라 평소보다 2배 정도 불어나 있었다. 강 한가운 데는 물거품이 거세게 일고 있었으며, 물흐름이 빠른 강줄기는 50여 미터 밑의 폭포를 향해 흐르고 있었다. 메리젠은 그곳에도 없었기 때문에 나는 한숨을 쉬면서도 마음을 놓았다. 그 순간이었다.

'가만 있자! 저쪽 강둑 가까이에 있는 강 위에 둥둥 떠 있는 저 밝은 색깔은 무엇일까?'

나는 그것을 유심히 살펴보다가 가슴이 철렁 내려앉았다. 눈 앞이 캄캄해지고 정신이 아찔아찔했다. 이제 나는 무게도, 감각도, 시간 감각도, 거리 감각도 전혀 느끼지 못했다. 다만 질식할 듯한 불안감만이 전신에 전류처럼 흐를 뿐이었다.

저 위험한 강 속의 밝은 오렌지 빛깔은 분명 내 아이 메리젠이 틀림없었다.

도움이 필요했다. 달려라, 달려! 나는 미친 듯이 마을을 향해 마구 달렸다. 그러나 마을에는 도움을 청할 수 있는 사람들의 그림자조차 찾을 수 없었다.

나는 지체없이 곧바로 다시 강가로 달려와 가시덤불을 헤치고 들어갔다. 무턱대고 물에 뛰어들었다. 이내 물이 목까지 가득 차고 추위는 살을 에이는 듯했다. 조금 더 들어가니 발이 강바닥에 닿지 않았다. 나는 수영을 전혀 할 줄 몰랐다. 물에 대한 불안감 때문에 수영을 배우는 것조차 꺼려했었다. 또 어떤 형태로든 물을 될 수 있으면 피하고 있는 중이었다.

'하느님, 살려주십시오! 부디 살려주십시오!'

나는 마음속으로 간절히 기도하며 넘어져 강 수면 위에 걸쳐져 있는 나무뿌리에 결사적으로 매달렸다. 소용돌이치는 물살은 한없이 무섭기만 했다. 하지만 급류와 강둑 사이, 물이 고여 있는 곳에 아이가 있었다. 아이는 벌렁 누워서 마치 잠이라도 자고 있는 듯이 두 손을 옆구리에 대고 있었다. 두 눈은 꼭 감겨졌고 파랗게 질린 얼굴 표정은 이루 말할 수 없을 정도였다.

"하느님, 도와주십시오! 제발 제게 힘을 주십시오!"

조금만 더 가면 아이의 옷자락에 손이 닿을 것 같았다. 나는 한 손으로 나무뿌리를 잡고 있었다. 또 한쪽의 쓰지 못하는 손으로 무의식 중에 아이를 힘차게 잡았다.

움직일 수도 없었던 손이었다. 그런 손으로 아이를 잡은 것이다. 그런데 쓰지 못하는 그 손이 그 순간은 아프지도 않고 약하지도 않았다. 놀라운 힘으로 아이를 가까운 수면까지 끌어올리고 있었다.

하지만 어떻게 하여 아이를 강둑 위로 올릴 수 있을까? 강둑은 내 머리보다 60센티나 높았다. 나는 이를 악물고 아이를 들어올려 강둑 위로 던졌다. 전혀 무게를 느낄 수 없었다. 아이는 털썩하고 강둑 위에 놓여졌지만 곧 뒤를 받쳐주고 있는 내 손으로 미끄러져 있었다. 나는 다시 아이를 던져올렸다. 짐짝처럼 던져지는 아이가 불쌍했다.

이번에는 아이가 내려오지 않았다. 성공이었다. 강둑에 떨어질 때의 충격으로 금방 정신을 차린 아이가 훌쩍훌쩍 울기 시작했다.

"아아, 하느님! 감사합니다. 고맙습니다!"

나는 나무뿌리를 잡고 강둑으로 올라왔다. 아이가 나의 가슴으로 파고들었다. 나는 아이를 있는 힘껏 껴안았다.

얼마나 시간이 흘렀을까?

희미한 울음소리가 내 귓전을 자극했다. 그 울음소리의 주인은 바로 나였다. 나는 아이를 껴안고 흐느끼고 있었던 것이다.

"아이에게 응급 처치를 해야겠어요."

어느새 왔는지 나와 딸을 둘러싸고 있던 사람들의 무리 중 한 부인이 나의 가슴에 고개를 파묻고 있는 아이를 안아 올렸다. 이윽고 응급 처치가 재빨리 취해졌다. 남편이 걱정과 놀라움으로 인하여 파랗게 질린 표정으로 달려왔다. 남편이 잠깐 물건을 사러갔다가 돌아오는 사이에 일어난 일이었다. 남편은 사람들과 함께 아이를 병원으로 데려갔다.

나는 어떻게 해서 집에 돌아왔는지 모르지만, 한 부인의 모습이 그림자처럼 내 곁에 머물고 있었다. 그 부인은 흠뻑 젖은 내 옷가지들을 벗기고 있었다.

그제서야 나는 조금 전에 일어난 일을 기억해 냈다. 아이를 살리기 위해 소용돌이치는 물살에 무작정 뛰어들었던 나의 무모함을 생각했다.

'나에게 그토록 놀라운 힘이 있었다니…….'

나는 쉽게 믿어지지 않았다. 강에 흘러간 것은 구두뿐이었다. 이윽고 나는 통증 때문에 몸에 열이 났고, 또 온몸이 상처투성이임을 깨닫게 되었다. 그 상처는 나와 사랑하는 우리 아이의 생명을 구해 주었다. 고마운 나무뿌리는 우리 모녀의 생명을 구하는 데 큰 도움을 줬다. 무엇보다도 나의 내부에서 생겨난 거대한 힘의 실체를 뭐라 형용할 수 없다.

어버이가 자식을 살리기 위하여 초인적인 힘을 발휘한 이야기를 종종 듣는다. 자식이 승용차에 치이게 될 찰나에 뛰어들어 승용차를 불끈 들어올려버린 이야기, 활활 타는 불속에 뛰어들어 자녀들을 구해낸 이야기 등이 그것이다.

그러한 초인적인 힘은 과학으로도 측정하지 못한다. 과학으로 모성애에서 발휘되는 위대한 힘을 공식적인 틀에 짜맞출 수는 없는 것이다.

모성애는 인간만이 갖고 있는 감정은 아닌 것 같다. 앞에서 유인원인 침팬지의 모성애를 잠깐 언급했지만, 다른 동물들도 그와 비슷한 본능을 가지고 있는 것 같다.

러시아의 작가 투르게네프는 〈용감한 새〉라는 글을 통하여 죽음보다 강한 사랑, 곧 동물의 모성애를 그리고 있다.

용감한 새

나는 사냥에서 돌아와 정원을 거닐었다. 개가 내 앞을 뛰어간다. 그 개는 무슨 냄새를 맡았는지 멈칫했다.

자세히 보니, 길가에 아직 익숙하게 날지도 못할 정도의 누런 빛 새 새끼 한 마리가 있었다. 때마침 바람이 세차게 불었으므로 길가의 나무 위에서 떨어진 것 같았다.

새 새끼는 죽지는 않았으나 날개를 편 채로 힘없이 떨어진 그대로 있었다.

그것을 본 개가 천천히 가까이 갔다. 그러자 어디서인지 가슴패기가 새까만 어미새가 갑자기 개의 바로 코 밑에 날아들었다. 어미새는 죽을 힘을 다해서 새끼새를 해치려는 개에게 항거하려는 모습이 역력히 보였다. 어미새는 개의 주둥이를 두어 번 쪼아보기도 했다.

어미새는 어떻게 해서라도 새끼를 구해보려는 필사의 노력을 했다. 그러나 작은 새의 몸으로, 더욱이 두려움이 겹쳐서 크게 소리를 지르지도 못했다. 그렇게 얼마를 항거하다가 마침내는 기절을 하고 말았다. 새끼를 구하려다가 자기를 희생한 것이다.

새의 처지에서 보면 개는 굉장히 큰 괴물로 보였을 것이었다. 그런데도 불구하고 어미새는 새끼의 위태로운 상황을 보고 나무에서 편안히 앉아 있을 수가 없었다.

의지보다 강한 어떤 힘이 어미새로 하여금 죽음을 무릅쓰고 개를 상대로 투쟁하게 한 것이다.

개는 새끼새를 향해서 가던 발길을 멈췄다. 그리고 다시 몇 걸음을 뒤로 물러섰다.

개도 어미 새의 고귀한 정신에 깨달음이 있었는지 모르겠다.

나는 허겁지겁 개를 불렀다. 그 광경을 보고 숙연(肅然)한 마음이 깃들었던 것이다.

부디 웃지 말아다오, 나는 이 새 앞에서 다시금 사랑의 발로(發露)의 고귀함에 옷깃을 바로잡는다.

그리고 나는 마음속으로 중얼거렸다.

"사랑은 죽음보다, 사랑은 공포보다 강하다, 그러므로 사랑으로만 생활을 지탱해 나갈 수 있고, 향상시킬 수 있다."라고.

부성애에 대하여

세상에 다시없이 거룩하고 숭고한 사랑이 어머니에게만 있는 것은 아니다. 아버지에게는 '부성애(父性愛)'가 있다. 자녀를 위해서라면 그 어떤 희생도 두려워하지 않고, 그 어떤 고난도 참고 이겨내는 강렬한 힘이 아버지의 마음속에 도사리고 있다. 다만 그것은 모성애처럼 쉽게 겉으로 드러나지 않을 뿐이다.

아들의 재능을 시새우지 않는 것은 아버지뿐이다.

괴테

　어느 가난한 사람에게 외아들이 있었다. 그 아들은 어렸을 때, 가난이 싫어 아버지와 집을 버리고 타향으로 떠돌아다녔다. 그러던 중 어언 50년 가까운 세월이 흘러서야 고향으로 돌아왔다.

　한편 아버지는 가난 때문에 아들이 집을 떠난 후, 가난에 한이 맺혀 이를 악물고 돈을 벌었다. 50년이 다 되도록 꾸준히 돈을 모았기 때문에 금은 보화가 창고에 가득 찼다. 그러나 하루도 잊어본 적이 없는 아들 생각에 근심이 끊일 날이 없었다.

　"이제 나는 저승에 갈 날이 멀지 않았다. 그런데도 내 아들은 어디에 있는지……. 아들을 위해 모은 이 돈을 내가 죽기 전에 그녀석을 찾아 물려줄 수 있다면 소원이 없으련만……."

　아버지는 그런 생각을 하며 눈시울을 적시곤 했다.

　그러던 어느 날, 그 부잣집 문 앞에 거지가 된 아들이 서 있었다. 그러나 아들은 그 집이 아버지의 집이라곤 꿈에도 생각하지 않았다.

　아들은 한없이 부러워하는 마음으로 살며시 집 안을 엿보았다. 매우 호화로웠다. 온화해 보이는 늙은 주인은 호랑이 가죽의 자리 위에 앉아 있는 데 몸에는 온통 찬란한 보석을 장식했으며, 깨끗이 정장한 시종들이 좌우에서 시중 들고 있었다.

그리고 향기로운 향수냄새가 방안에 가득 찼고, 마당에는 온갖
진귀한 꽃들이 피어 있었다.

"정말 굉장하군. 나 같은 거지는 보는 것만으로도 오금이 저
리는군."

아들은 그렇게 혼잣말을 하며 허둥지둥 그곳을 떠났다. 그때
그 모습을 본 아버지는 순간적으로 아들임을 알아차리고 곧 사
람을 보내어 그를 데려오도록 했다. 그러나 푸대접만 받으며 살
아온 그는 이 사람들이 자기를 혼내려는 것으로 착각하고 잔뜩
겁먹은 목소리로 소리쳤다.

"전 나쁜 짓을 하지 않았어요! 뭣 땜에 절 붙잡는 겁니까?
제발 놔주십시오!"

멀찌감치 서서 그 광경을 지켜보고 있던 아버지는 아들의 그
심정을 이해하고 일부러 하인을 보내어 타이르도록 했다.

"두려워할 것 없소. 실은 우리 주인나리께서 당신에게 일자리
를 주려고 데려오라 분부하셨소."

"뭐요? 제게 일자리를 주신다구요?"

"그렇소."

이렇게 해서 데려다 일을 시키자 그는 고분고분 시키는 일을
잘했다. 아버지는 당장 그가 자신의 아들임을 밝힐까 했지만,
그가 쉽사리 납득할 것 같지 않아 궁리 끝에 그를 차츰 승진시
키기로 했다.

그리하여 얼마만큼 세월이 흐른 후에 그는 지배인으로 승진
했다. 이젠 집안일도 훤히 알았으며, 객지를 떠돌며 구박 받고
천대 받던 마음의 응어리도 풀렸다.

어느 날 아버지는 온 마을 사람들을 집으로 초대해서 큰 잔치
를 베풀었다.

그리고 지배인을 곁에다 불러놓고 눈물을 흘리며 입을 열었다.

"여러분, 여기 보십시오. 이 사람은 내가 그렇게도 기다렸던 내 아들입니다. 옛날 가난 때문에 집을 버리고 떠났던 아들이 이제서야 아비 품으로 돌아왔습니다. 아들을 찾았으니 나는 이제 죽어도 여한이 없습니다. 그리고 이제부터 내가 소유하고 있는 모든 재산은 내 아들의 소유입니다."

꿈에도 몰랐던 이 벅찬 사실을 갑자기 알게 된 아들은 주먹 같은 눈을 펑펑 쏟으며 하염없이 울었다. 그리고 아버지 앞에 엎드려 울면서 옛날 생각을 했다.

'내게도 아버지가 계셨다니! 50년 가까이 떠돌이 신세로 아버지도 모르고 헤매 다닌 못난 나를 이토록이나 오매 불망 기다리신 아버지가 계셨다니! 일찍이 아버지를 배반한 나를 아버지께선 잘 돌아왔다고 하시며 뜨겁게 반겨주시고 있지 않은가! 게다가 이 많은 재산까지 아낌없이 물려주시고 있지 않은가. 아, 고맙기도 해라. 어버이의 은혜는 이리도 크고 깊단 말인가!'

아버지 앞에 엎드린 아들은 언제까지나 후회와 기쁨이 뒤범벅이 된 울음을 그칠 줄 몰랐다.

다음은 모성애를 회복하자는 취지에서 어머니와 관련된 명언·명구를 모아 보았다.

모성애와 관련된 명언·명구
· 어린아이를 안은 어머니만큼 맑고 깨끗한 것은 없으며, 많은 자식에게 둘러싸인 어머니만큼 경애를 느끼게 하는 것은

없다. ─괴테

· 천지간의 모든 동물에게 있어서, 개로부터 인간의 여자에
이르기까지 어머니의 마음은 항상 숭고한 것이다.
─A·뒤마 프랑스의 작가

· 어머니의 눈물은 자식의 불평을 씻어 버린다. ─알렉산더

· 받드는 자 아버지 아닌 자 없고, 의지하는 자 어머니 아닌
자 없다. ─《시경(詩經)》

· 어머니의 눈물에는 과학으로 분석할 수 없는 깊고 귀한 애
정이 담겨 있다. ─패러디, 영국의 화학자

· 산아(産兒)는 여성으로서의 자기 희생이다. 자기 몸속에 희
생의 생명을 기르는 여성은, 다른 환경에 있어서도 용이하게 그
덕성을 발휘한다. ─카알라일

부모의 은혜를 깊이 알지 못하는
까닭에 불효한다

제 자식을 가져 봐야 부모의 마음을 안다

전통 사회에서의 어머니는 아이를 업고 가사를 돌보았다. 업으면 일하기 편하고 아기도 편하다는 필요에 의하여 '업어기르기'를 했을 것이다.

그런데 구미의 교육 심리학자들은 이것을 매우 바람직한 육아법이라는 결론을 내리고, 젊은 어머니에게 적극 권장하고 있다. 이유는 업어기르기를 통하여 모자의 일체감이 강화되고, 어머니의 움직임에 따라 아이는 움직이기 때문에 아이는 싱싱한 감각을 몸에 익힐 수가 있기 때문이라는 것이다.

요즈음 아이를 업고 있는 젊은 부인을 만나 보기는 힘이 든다. 아마도 '스타일을 구기기 싫다', '촌스럽다'라든가 '구시대의 유산'쯤으로 생각하여 그런 것 같은데, 들어내어 탓할 생각은 없다. '우정의 무대'라는 텔리비전 프로를 보면 아들이 어며니를 업고 퇴장하는 장면으로 끝난다.

이효석의 단편 《메밀꽃 필 무렵》에 동이라는 청년이 허생원을 업고 내를 건너는 대목이 나오는데, 그 대목에서 두 사람은 처음으로 부자간의 정을 느끼게 된다.

'효(孝)'라는 한자는 자식이 늙은 부모를 업어 주는 형상을 본떠서 만든 글자이다. 젊은이가 노인을 업는다는 행위를 효의 상징으로 내세운 것이다.

어버이가 자녀를 업는 것은 자녀가 성장하지 못했기 때문이다. 여기에서의 '업다'는 큰 의미에서의 사랑을 의미하며, 업다의 어간 '업'은 명사 '업[父]'에서 전성된 것으로 볼 수 있다. 우리 말에서 물[水], 자[尺] 등의 말이 '말다', '재다'와 같이 동사로 바뀌는 현상이 있기 때문이다.

어버이가 업어 키운 자녀가 성장하면 어버이는 늙는다. 이때는 반대로 자녀가 늙은 어버이를 업는데, 여기에서의 '업다'는 공경과 봉사(奉事)의 의미를 내포한다.

세상에서 가장 깊고 높고 진실한 사랑은 어버이의 사랑이다. 자식을 생각하는 어버이의 정이란 감히 다른 것에 비교할 여지가 없다.

"제 자식을 가져 봐야 부모의 마음을 안다."

필자는 언제인가 어머니께서 말씀하신 이 말을 도무지 잊을 수가 없다. 필자도 부모가 되고서야 비로소 이 말의 뜻을 후회스럽게 깨달았다. 아아, 이런 깨달음은 왜 항상 늦어 가슴을 쳐야하는 후회를 남기는가!

어릴 적의 심정으로는 미처 상상도 못 할 정도의 깊은 애정을 갖는 것이 어버이다. 무릇 어버이의 정은 자녀들의 이해와 상상을 초월하는 것이다.

　세상에 흔하디 흔한 말이 '사랑'이라는 추상 명사이다. 감히
단언하지만, 이 추상 명사를 주저없이 쓸 수 있는 관계는 부모
와 자식 관계밖에 없다.

　타인과의 애정은 상대적인 것이다. 여기에는 항상 이해(利害)
와 타산이 따른다. 재산, 외모, 학벌, 능력, 교양 등을 헤아려
사람을 사귀고, 이러한 이해가 어긋나면 증오가 따른다.

　그러나 부모 자식간의 사랑이란 그렇게 치사하고 천박한 것이
아니다. 그 사이에는 이해 타산이 있을 수 없다.

　남의 자식이 아무리 잘났어도 못난 내자식을 사랑한다. 자식
이 불구라거나 남보다 우둔하다면 더욱 그 자식을 사랑하게 되
고, 혹 자식이 잘못하여 사람들로부터 지탄을 사거나 형벌을 받
게 되면, 그럴수록 더욱 애련(愛憐)의 정이 생기는 것이 어버이
의 마음이다.

　이런 어버이의 마음을 헤아릴 수 있어야 효심이 생기게 된다.
율곡은 부모의 은혜를 깊이 알지 못하는 까닭에 효도하는 사람
이 적다고 했다.

　'효 사상'을 생활의 근본으로 삼았던 옛날의 우리 나라에는
참으로 많은 효자 효녀가 있었다. 그 중에서도 율곡의 효성은 손
꼽히는데, 그의 저서인 《격몽요결》의 〈사친장(事親章)〉에 효도를
해야하는 분명한 이유를 밝히고 있다.

　"무릇 사람으로서 부모에게 효도해야 함을 모르는 이는 없다.
진정으로 효도하는 이가 심히 적은 것은 부모의 은혜를 깊이 알
지 못하는 까닭이다. 천하에 내 몸보다 귀한 것은 없다. 내 몸은
부모님께서 주신 것이다.

　지금 나에게 재물을 주는 이가 있으면 그 재물의 많고 적음,

가볍고 무거움에 따라 은혜를 감사히 생각하는 것이 다를 것
이다. 그런데 부모는 온 천하의 물건이라도 바꿀 수 없는 몸을
주신 것이다. 이러한 부모의 은혜는 어떠한가?

　어찌 감히 제몸을 제것으로 생각하여 부모에게 효도를 극진히
하지 않을까. 사람이 항상 이 마음을 가지면 스스로 부모에게
대한 정성이 생기리라.”

　율곡은 어린 시절부터 효행이 남다르게 지극하여 ‘기저귀 찬
효자’ 혹은 ‘포대기 효자〔강보효자(襁褓孝子)〕’라는 말을 들을
정도였다. 율곡의 효행에 대한 이야기는 뒤에 별도로 다룰 생각
이다.

4

위대한 가르침 속의 孝

종교에 나타난 효 사상

孝思想

동서 고금을 이끈 종교 및 사상은 하나같이 효에 최고의 가치와 의의를 부여하고 있다. 종교와 사상의 본질이 삶의 궁극적 의미 추구, 곧 '인간의 길'을 말하고 있기 때문이다.

이 장에서는 기독교·불교·유교·유대교·이슬람교·한국 민족 종교의 '효 사상(孝思想)'을 고찰해 보기로 한다.

기독교의 효 사상

성경의 〈출애굽기〉에는 '십계명(十誡命)'에 대하여 기록하고 있다. (출애굽기 20, 2~17)

① 나 외에 다른 신(神)을 두지 말라.

128

② 너를 위해 새긴 우상을 만들지 말라.
③ 하나님 여호와의 이름을 망령되이 일컫지 말라.
④ 안식일을 기억하여 거룩히 지켜라.
⑤ 네 부모를 공경하라. 그리하면 너의 하나님, 나 여호와가 네게 준 땅에서 네 생명이 길리라.
⑥ 살인하지 말라.
⑦ 간음하지 말라.
⑧ 도둑질하지 말라.
⑨ 네 이웃에 대하여 거짓 증거하지 말라.
⑩ 네 이웃의 물질이나 사람을 탐내지 말라.

이상이 열 가지 계명, 즉 '십계명'이다. 알기 쉽도록 하기 위해서 번호를 붙였지만, 성경에는 이 번호가 붙여져 있지 않다.

십계명은 하나님의 엄숙한 선언이며, 인간에게 내린 지엄한 명령이다. 이 십계명의 다섯 번째를 읽고 또 읽고, 열번이라도 되풀이해서 읽기를 바란다. 그러면 놀라운 의미를 발견할 수 있게 된다.

하나님은 분명히 '네 부모를 공경하라'고 엄숙히 명령하고 있다. 효도는 강제로 강요해서 되는 것이 아니다. 그럼에도 불구하고 법률로 규정하여 명령하고 있는 것이다.

방점을 찍은 부분을 부연 설명하자면, 하나님의 선언이 기초가 되어 십계명이 결정되고, 이스라엘 율법이 정해진 것이기 때문에 이런 표현을 쓴 것이다.

십계명의 첫째부터 넷째까지는 하나님과 인간의 관계 및 하나님에 대한 인간의 자세를 말하고 있다. 그런 다음 '인간과 인간'의 관계가 시작되는데, 그 첫번째가 자기의 부모를 공경하라는 요구를 받고 있다. 이 다섯 번째의 계율은 여섯째라도 열째라도 좋을 것을 불쑥 다섯째로 올려 놓은 것은 아니다. 이것은 꼭 다섯째로 정해야 하기 때문에 다섯째로 정한 것이다.

인간과 인간의 관계에서 부모와 자녀의 관계만큼 불가사의하고 밀접한 관계는 없다. 아무리 부모를 싫어하거나 경멸해도 자기가 인간으로서 살고 있는 것은 먼저 부모가 있었기 때문이다. 애당초 '그 인간'은 자기의 부모 이외는 아무로부터도 태어날 수 없는 존재인 것이다. 기독교에서는 이런 것을 '신의 섭리(providence)'라고 한다.

"우리 아버지가 키가 큰 여자와 결혼을 했다면 내 키가 이렇게 작지는 않았을 것이다."

언젠가 어느 아가씨가 이렇게 말했을 때 필자는 픽 웃었다. 만일 그녀의 아버지가 키 큰 다른 여자와 결혼했다면 그녀는 세상에 존재할 수 없었다. 그리고 부모가 그날밤 사이가 좋지 않아 서로 껴안지 않았더라도 그녀는 존재하지 않았다.

한 생명이 잉태되기 까지의 신비, 그것은 인간의 의지로 되는 것은 아니다. 부모도 어떤 자식을 가지게 되는지는 모른다. 가급적이면 총명하고 잘 생긴 자녀를 원했겠지만, 그건 신의 영역에 속하는 것이다.

"낳아 달라고 하지도 않았는데 왜 나를 낳았나요!"

이런 말로 어버이를 원망하는 사람이 있다. 생명의 신비를 모르기 때문에 그렇게 무식하고 천박한 말을 함부로 하는 것이다.

'네 부모를 공경하라'는 다섯째 계명에 반발을 느끼는 기독교인들도 적지 않을 것이다.

"부모는 나를 남들처럼 교육시키지 않았습니다. 그래서 내가 고생을 하고 있는데 어떻게 그런 부모를 공경하겠습니까?"

"아버지는 술만 드시면 어머니와 자식들을 때립니다. 도저히 존경할 수 없습니다."

"어머니는 잔소리대장입니다. 입만 열었다하면 쉴새없이 잔소리를 합니다. 그런데도 공경할 수 있겠습니까?"

이런저런 이유를 들어 부모를 공경할 수 없다고 할는지도 모른다. 확실히 세상에는 아이를 버리는 비정한 어버이도 있고, 난폭한 어버이, 색욕에 빠지는 어버이, 무책임한 어버이도 적지 않다. 어버이가 세상에 해악을 끼치는 도둑이나 소매치기라면, 악질적인 사기꾼이라면 도저히 존경할 수 없을 것이다.

그럼에도 불구하고 하느님은 '네 부모를 공경하라'고 명령하고 있는 것이다. 여기에는 '단 성품이 나쁜 어버이는 공경하지 말라'는 등의 단서는 붙어 있지 않다. 그것은 마치 《신약성경》, 〈에베소서〉 5장에 나와 있는 말과 같다.

"자기 남편에게 복종하기를 주께 하듯 하라."

이곳에도 '좋은 남편은 주님을 섬기듯이 섬기라'고 쓰여 있지는 않다. 좋든지 나쁘든지, 진실치 못하든지 바람을 피우든지 간에 복종하기를 주께 하듯 하라는 것이다.

기독교는 하느님에 대한 절대 복종의 신앙이다. 전지하시고 전능하신 하느님을 완전히 믿는다면 어떠한 말씀에도 믿고 따르는 것이 진정한 기독교인이다.

적어도 하느님을 믿고 따르는 기독교인이라면, 자기의 약아빠진 이론이나 빈약한 경험을 내세워 하느님의 말씀을 거역해서는 안 된다. 부모를 공경하라면 무조건 공경하고 보는 것이다. 그러면 그 뒷일은 하느님이 책임을 지시고 좋게 해준다는 것이 기독교의 효 사상이다.

하느님의 말씀은 매우 뜻이 깊고 심오하다. 자녀가 부모를 진실로 공경하면, 아무리 성품이 나쁜 부모라도 그 효성에 감동하여 개과 천선하게 된다는 뜻을 내포하고 있는 것 같다.

예수는 겟세마네 동산에서 이렇게 기도했다.

"나의 원대로 마옵시고 아버지의 원대로 하옵소서!"

이 얼마나 숭고한 복종인가. 《성경》에는 또 '살아 있는 부모를 섬기지 못 한다면 어떻게 눈에 보이지 아니 하는 하느님을 섬길 수 있느냐'는 가르침을 새겨 놓았으며, 〈에베소서〉에도 효를 강조하고 있다.

"자녀들아, 너희 부모를 주 안에서 순종하라. 이것이 옳으리라. 네 아버지와 어머니를 공경하라." (에베소서 6, 1~3)

불교의 효 사상

'지극한 효심이야 말로 대자 대비(大慈大悲)하는 보살의 정신'이란 말이 《범망경》*에 나온다.

'자비(慈悲)'는 불교 사상의 핵심을 나타내는 용어이다. '자(慈)'의 원어는 산스크리트(범어)에서의 '마이트리'이며, 이는 '미트라(友)'라는 말에서 연유된 것이다. 특정의 인간에 대한 것이 아닌 모든 인간에게 대해서 최고의 우정을 갖는 것이 '자'이다. '비(悲)'의 원어는 산스크리트의 '칼나'인데, '신음'이란 뜻이다.

'고해의 바다'라는 인생에서 인간은 고통에 신음하게 마련이다. 이 신음소리를 지른 자만이 타인의 고통을 이해할 수 있

*《범망경·梵網經》: 불도 수행에 힘쓰는 사람이 다 같이 지켜야 하는 대승계(大乘戒)의 제1경. 상권에는 보살의 심지(心地)가 전개되어 가는 모양을 썼고, 하권에는 대승계를 설하고 있음.

고, 그래서 타인과 고통을 함께 나눌 수 있는 것이다. 따라서 '자비'는 타인과 함께 최고의 우정과 고통을 나눈다는 뜻이다.

《대승본생심지관경》에서는 이 말을 부모의 은혜로 풀이하고 있다.

"아버지가 베푸신 은혜가 높아 태산과 같고, 어머니가 베푸신 은혜가 깊어 바닷속 같다. 그러한 아버지의 은혜를 '자은(慈恩)', 어머니의 은혜를 '비은(悲恩)'이라 한다."

아버지의 은혜에서 '자'를, 어머니의 은혜에서 '비'를 따서 '자비(慈悲)'라는 말이 생겼다는 것이다.

이 밖에도 불교에서는 《관무량수경》, 《불설사천왕경》, 《효자보은경》 등 여러 경전을 통하여 효의 길을 밝히고 있는데, 그 중에서 《부모은중경》은 부모의 은덕을 열 가지로 나누어 설명하고 있다. 《은중경》에는, 여자가 아들을 낳고 딸을 기르는 데 있어, 자식을 낳을 때마다 엉긴 피를 서 말 석 되나 흘리고, 여덟 섬 너 말이나 되는 젖을 먹여야 된다고 되어 있다.

부처님의 이 말씀을 듣고 아난은 마음을 가르는 듯한 아픔에 눈물을 흘리고 슬피 울면서,

"세존이시여, 어머니의 은덕을 입은 자는 어떻게 보답해야만 합니까?"

하고 여쭙는다.

부처님께서는 '똑똑히 들으라'는 말을 몇차례 반복한 후에, 한 생명이 어머니 뱃속에서 성장하는 과정을 조목조목 말씀하시는데, 해산 달을 이렇게 설명하고 있다.

"어머니가 잉태하여 열 달이 되면 바야흐로 아기를 낳게 된다. 만약에 효순한 자식이면 주먹을 받들듯 합장하여 낳게 되므로 어머니의 몸은 상하지 않는다. 만약에 오역의 자식이면 어

머니의 아기집을 찢어놓는다. 손으로는 어머니의 염통이나 간을 움켜잡고, 발로는 어머니의 엉덩이뼈를 밟아 버티어 어머니로 하여금 마치 천 개의 칼로 배를 휘젓고, 만 개의 송곳으로 가슴을 쑤시는 것만 같은 고통을 느끼게 한다. 이와 같이 고통을 겪으시고 이 몸을 얻게 하셨으면서도 아직도 열 가지의 은혜가 있다."

방점을 찍은 오역(五逆)이란 지옥에 떨어지는 원인이 되는 다섯 가지 큰 잘못을 말하는데, 소승 불교와 대승 불교의 오역은 각각 다르다.

참고로 말하자면, 소승의 오역은 ① 아버지를 죽임, ② 어머니를 죽임, ③ 아라한(阿羅漢)을 죽임, ④ 중의 화합을 깨뜨림, ⑤ 부처의 몸에 상처를 입히는 것이고, 대승의 오역은 그 중 하나에 소승의 오역을 포함시키고 있다.

부처님은 어버이가 베푸는 열 가지 은혜를 하나하나 말씀하시는데, 《은중경》에는 단원 김홍도의 '변상도(變相圖)'가 그려져 있다.

—첫째, 잉태하여 지켜주신 은혜를 노래하노라. 〈그림1〉

여러 겁을 거듭한 무거운 인연으로 이제 이승에 와서 어머니의 아기집에 몸을 위탁했네. 달이 지나면서 오장이 생겨나고, 일곱 달로 바뀌자 육정이 열렸네. 어머니는 산처럼 무거운 몸을 바람만 불어도 재난이 있을까 겁내며 몸 움직임을 멈추네. 그리하여 비단옷은 도무지 걸치지 않고 단장하는 거울에는 티끌만 묻어 있네.

—둘째, 해산할 때의 수고하신 은혜를 노래하노라. 〈그림2〉

▶그림1 — 懷耽守護恩 頌曰
　　　　 회 탐 수 호 은　송왈

▶그림2 — 臨產受苦恩 頌曰
　　　　 임 산 수 고 은　송왈

잉태하시고 열 달이 지나니 바야흐로 해산의 어려움이 다가오
네. 아침마다 무거운 병에 걸릴 것만 같고 나날이 정신도 희미
해 지네. 그 두려움을 어찌 다 기억하며 근심하는 눈물은 가슴
에 가득하여 옷깃을 적시네. 슬픔을 머금고 친족에게 하는 말은
오직 죽지나 않을까 두렵다고 하네.

─셋째, 자식을 낳고 모든 근심을 잊는 은혜를 노래하노라.
　〈그림3〉

자애로운 어머니께서 그대를 낳으신 날, 오장이 모두 열리고
벌어졌네. 몸과 마음이 함께 까무러쳤고 피는 흘러 양을 도살한

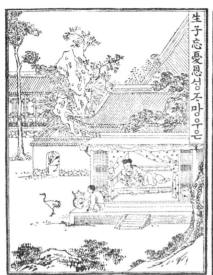

▶그림3 ─ 生子忘憂恩 頌曰
생 자 망 우 은 송 왈

▶그림4 ─ 咽苦吐甘恩 頌曰
인 고 토 감 은 송 왈

것과 같았네. 출산하자 아기가 성하냐고 묻고, 환희가 평소의 갑절이나 되었네. 기쁨이 가라앉자 다시 슬픔이 돌아오고, 심장과 창자에 쑤시는 듯한 아픔이 사무치네.

―넷째, 쓴 것을 삼키고 단 음식은 뱉어 먹이신 은혜를 노래하노라. 〈그림4〉

어버이의 은혜는 무겁고 깊어 자녀를 귀여워하고 사랑하심을 한 때도 잊지 않네. 사랑이 무거우니 정을 참기가 어렵고, 은혜가 깊으니 슬픔 또한 갑절이 되네. 다만 자녀가 배부르기만을 바라시고 자애로운 어머니는 굶주림도 사양치 않으시네.

▶그림5 ─ 廻乾就濕恩 頌曰
회 건 취 습 은 송 왈

▶그림6 ─ 乳哺養育恩 頌曰
유 포 양 육 은 송 왈

─다섯째, 항상 아기는 마른 자리에 뉘시고 자신은 젖은 자리
에 누운 은혜를 찬양하여 노래하노라. 〈그림5〉

어머니는 스스로 몸을 젖은 데 눕고 아기만은 언제나 마른 데
를 찾아 뉘시네. 두 젖으로 굶주림과 목마름을 채워주시고, 비
단 소맷자락으로 바람과 추위를 막아주셨네. 애처롭게 여기는
은혜로 언제나 잠을 못 이루고 오직 아기의 사랑스런 재롱으로
기쁨을 삼으셨다네. 다만 아기가 무사함을 바랄 뿐이고 자애로
운 어머니는 평안을 찾지 않으셨네.

─여섯째, 젖을 먹여주시고 길러주신 은혜를 노래하노라. 〈그림6〉

▶그림7 ─ 洗濯不淨恩 頌曰
　　　　　세 탁 부 정 은　송 왈

▶그림8 ─ 遠行憶念恩 頌曰
　　　　　원 행 억 념 은　송 왈

자애로운 어머니를 땅에 비긴다면 엄하신 아버지는 하늘과 같
네. 덮어주시는 하늘과 실어주는 땅의 은혜는 같지만, 부모님의
마음 또한 그러하시네. 비록 자식의 눈이 없다 해도 미워하심이
없고, 손발이 불구라도 싫어하시지 않네. 내 배로 친히 낳은 자
식이므로 평생토록 아끼시고 가엾이 여기시네.

─일곱째, 깨끗하지 않은 것을 씻어주신 은혜를 노래하노라.
　〈그림7〉

그대를 낳기 전의 어머니는 얼굴도 아름다운 바탕이어서 아리
따운 모습이 참으로 풍만하고 무르익었었네. 자식에 대한 은혜

▶그림9 ― 爲造惡業恩 頌曰
위 조 악 업 은 송 왈

▶그림10 ― 究竟憐愍恩 頌曰
구 경 연 민 은 송 왈

가 깊을수록 구슬 같은 얼굴이 여위었고, 더러움을 씻어주시느라고 모습도 상하셨네. 오직 자녀를 애처롭게 여기시는 모정으로 인하여 자애로운 어머니의 얼굴이 그렇듯 달라지셨네.

―여덟째, 자식이 멀리 갔을 때 걱정하시는 은혜를 노래하노라. 〈그림8〉

죽어 이별하는 것도 참으로 잊기가 어렵지만 살아서 이별하는 것도 실로 슬픈 상처를 준다네. 자식이 집을 떠나 타향에 있으면 어머니의 마음도 타향에 머물러 있네. 낮이고 밤이고 마음은 자식을 따라가 흐르는 눈물이 몇 천 줄이나 된다네. 원숭이가 제 새끼 사랑하여 울 듯이 자식 생각에 애간장이 다 끊어지네.

— 아홉째, 자식을 위해서는 나쁜 일도 마다 않는 은혜를 노래
하노라. 〈그림9〉

강산처럼 무거운 어버이의 은혜는 깊을 수록 갚기가 어렵네.
자식의 괴로움을 대신 받겠다고 소원하시며, 자식이 수고하면
어머니는 안절부절못하시네. 자식이 먼길을 떠난다고 듣기만 하
셔도 행여 밤에 춥게 자지나 않을까 걱정하시네. 아들 딸의 괴
로움은 잠깐이건만 어버이의 마음은 오래도록 쓰리기만 하네.

— 열째, 죽을 때까지 자식을 애처롭게 여기시는 은혜를 노래하
노라. 〈그림10〉

어버이의 나이가 백 살이 되어도 여든 살 먹은 자식을 걱정하
네. 부모님의 이 은애(恩愛)는 언제나 끊어질지, 목숨을 다한 후
에야 비로소 여읠 수 있다네.

부처님은 이렇게 부모의 은혜를 찬양한 후에 불효가 되는 여
러 가지 죄악을 들어 제시한다. 그런 다음,
"가령 어떤 사람이 있어, 그 왼쪽 어깨에 아버지를 메고 그 오
른쪽 어깨에 어머니를 메고서 살갗이 닳아 뼈에 이르고 뼈가 패
어 골수에 이르도록 수미산*을 돌더라도 부모의 깊은 은혜는 다
갚지를 못한다."

---

*수미산(須彌山) : 불교의 우주관에 있어서 세계의 중앙에 솟아 있다는 산으로 높이
는 8만 유순(由旬)에 달함.

어질고 효성스러운 사람은 효성스럽고 어진 자식을 낳을 것이며, 못된 사람은 또한 못된 자식을 낳을 것이다. 〈명심보감〉

라는 말로 부모가 베푼 은혜가 막중한 것임을 깨닫도록 하면서 효심이 스스로 우러나도록 하고 있다.

또한 불효한 자식은 죽으면 '아비 무간지옥'에 떨어지고, 효도한 자식은 온갖 고통에서 벗어나 천상계의 행복을 누린다고 하고 있다.

아비 무간지옥(阿鼻無間地獄)은 불교에서 말하는 대지옥의 하나이다. 이 대지옥은 세로 넓이가 팔만 유순(由旬;1유순은 40리)이나 되고 사방에 무쇠성으로 둘려 있는데, 그 주위가 다시 그물로 둘러싸여 있다고 한다. 대지옥의 바닥은 기름이 펄펄 끓는 붉은 무쇠로 되어 있으며, 모진 불이 훨훨 타올라 맹렬한 불길이 번개처럼 번쩍인다. 여기에서 끓는 구리와 무쇠물을 죄인의 입에 부어 넣을 뿐 아니라 무쇠로 된 뱀과 구리로 된 개가 항상 연기와 불길을 내뿜는다. 그 연기와 불길에 죄인이 볶아지고, 지져지고, 구워지고, 삶아져서 이루 말할 수 없는 고통을 받는다는 것이다.

또한 무쇠채찍과 무쇠방망이, 무쇠칼과 창이 폭우처럼 공중에서 쏟아져 쉴새없이 죄인들을 고통스럽게 만드는데, 이런 형벌이 여러 겁(劫) 동안 계속되며, 하루에도 천 번은 살아나고 만 번은 죽게 된다고 한다.

불교에서의 불효자에 대한 형벌은 이처럼 끔찍하고 무섭다.

유교의 효 사상

유교를 종교로 보는 시각이 있고, 종교에서 제외시키는 경우도 있다. 이 말을 들으면 이 말이 옳은 것 같고, 저 말을 들으면 저 말이 그럴 듯하여 천박 비재한 필자로서는 감히 단정을 내릴 수 없다.

아무튼 유교는 공자(孔子)의 가르침으로부터 비롯되어 우리의 전통 사회에 지대한 영향을 끼친 사상이요, 철학이다. 유교에서는 효를 '만덕(萬德)의 근원이요, 백행(百行)의 원천'으로 보고 있다. 모든 행동의 근본이 효에서부터 시작된다는 것이다.

《논어》에서는 어버이를 잘 섬긴 다음이라야 유교의 중심 사상인 '인(仁)'을 크게 이룰 수 있다고 하였다. 《효경》에서 공자는 증자(曾子)에게 이르기를, 효의 시작을 '신체발부 수지부모(身體髮膚受之父母)'라고 했다. 사람의 몸과 머리털과 피부, 곧 몸의 전체는 모두 부모에게서 받은 것이니, 이것을 손상시키지 않음이 바로 효의 시작이라고 가르치고 있는 것이다.

사실 자기 자식이 작은 상처만 입어도 어버이의 마음은 아프다. 싸움을 하다가 다쳤다든가, 잠깐 방심하다가 큰 부상을 입었다든가, 위험한 곳에 갔다가 뜻밖의 죽음을 당했다든가 하면 어버이의 슬픔은 이루 말로는 표현할 수 없을 정도인 것이다.

공자는 효를 어버이를 공경하는 데에서 시작하여, 다음에는 나라에 충성하고, 후세에 이름을 날려 어버이를 드러나게 함이 효의 끝이라고 했다. '효'가 자연스럽게 '충(忠)'으로 이어지고, 입신(立身)으로 끝맺게 되는 것인데, 이것을 '군자의 길'이라 하고 있다.

《예기》에는 사람으로서 부모를 섬겨야 하는 '삼도(三道)'와 '삼효(三孝)'를 말하고 있다.

세 가지 도리는,

첫째, 부모가 살아 계실 때에 정성껏 봉양하고,

둘째, 부모가 돌아가시면 상례(喪禮)를 예법에 따라 치를 것이며,

셋째, 부모의 제사를 정성껏 모시는 일이다.

세 가지 효는,

첫째, 어버이를 공경하여 높이고,

둘째, 어버이를 욕되게 하지 않으며,

셋째, 어버이를 모실 때 몸과 마음을 편안하게 하여 드리는 일이다.

또한 《예기》에는 효에 관한 몸가짐과 마음가짐을 정말 자상할 정도로 기록하고 있다.

• 무릇 남의 자식이 되어 부모를 섬기는 예는 겨울에는 따뜻하게 해 드리고, 여름에는 서늘하게 해 드린다. 밤에는 자리를 펴서 편안히 쉬게 해 드리고, 아침에는 문안한다. 벗 사이에서는 언제나 친목을 도모해서 다투지 않는다. 부모의 마음을 편안케 하기 위해서이다.

• 사람의 자식된 자는 나갈 때 반드시 부모에게 가는 곳을 알려야 한다. 돌아왔을 때에는 반드시 부모를 뵙고 인사를 드리되, 그 안부를 눈여겨 본다.

• 효자는 어두운 곳에서 일에 종사하지 않으며, 위태로운 곳에 오르지 않는다. 어두운 곳에서 일에 종사하면 남의 의심을 받기 쉽고, 위태로운 곳에 오르면 몸을 다치기 쉽기 때문이다.

· 부모가 병중에 있을 때 관자*는 머리를 빗질하지 않고, 길
을 걸을 때는 달리지 않는다. 농담의 말을 하지 않고, 가무(歌
舞)를 삼간다. 고기를 먹어도 입맛을 변하기에 이르지 않고, 술
을 마셔도 용모를 변하기에 이르지 않는다. 웃어도 잇몸을 드러
내기에 이르지 않고, 성내도 욕하기에 이르지 않는다. 부모의
병이 나으면, 다시 평상시로 돌아간다.

· 아들이 어버이를 섬김에 있어 세 번 간해서(부모님에게 허물
이 있을 경우) 듣지 않을 때에는, 눈물을 흘리며 이를 따른다.

· 부모에게 허물이 있을 때에는 먼저 마음을 잔잔히 하고, 얼
굴빛을 부드럽게 하라. 그런 후 부드러운 목소리로 간해야만
한다. 만일 받아들이지 않을 때에는 일어나서 공손히 절하고 물
러나와 계속 효성을 다하라. 부모의 기분이 풀려 기뻐할 때를
기다렸다가 다시 간해야 한다. 왜냐하면 부모에게 죄가 생김을
방치하는 것은 효자의 도리가 아니기 때문이다. 부모의 허물은
은근하고 끈기있게 간하도록 하라. 이때 부모가 성내고 기뻐하
지 않아 자기의 종아리를 때려 피가 흐를지라도 원망하거나 미
워하지 말라. 달게 받고 묵묵히 일어나서 계속 효성으로 대하
라.

《효경》은 공자와 그의 제자 증삼의 문답 중에서 효에 관한 구
절들을 추려 기록한 것인데, 유교의 효 사상을 포괄하고 있다.
다음은 《효경》에 나와 있는 내용들을 간추려 보았다.

· 어버이를 사랑하는 자는 감히 남을 미워하지 않는다. 어버
이를 공경하는 자는 감히 남을 업신여기지 않는다.

_____
*관자(冠者) : 머리에 관을 쓴 자, 즉 20세 이상인 사람.

144

· 아버지를 섬기는 것을 근본으로 하여 어머니를 섬기되 사랑하는 마음이 같아야 한다. 아버지를 섬기는 것을 근본으로 하여 임금을 섬기되 공경하는 마음은 같아야 한다. 어머니에게서는 그 사랑하는 마음을 취하고, 임금에게서는 그 공경하는 마음을 취하는 것이니, 이 두 가지를 겸한 것이 아버지이니라. 그러므로 효로써 임금을 섬기면 곧 충(忠)이 되는 것이요, 공경하는 마음으로써 윗사람을 섬기면 곧 순(順)이 되느니라.

· 효란 하늘의 법도이며, 땅의 의리이고, 백성의 행실이다. 하늘과 땅의 법도가 있으니, 백성은 그것을 본받아야 한다. 하늘의 밝음을 본받고 땅의 이점을 근거로 하여 천하를 순(順)하게 하는 것이다. 그 가르침은 엄격하지 않더라도 이루어지며, 그 정치는 준엄하지 않더라도 다스려지는 것이다.

· 하늘과 땅이 낳은 것 중에서 사람이 가장 귀하고, 사람의 행실에 있어서는 효보다 큰 것이 없다.

· 그 어버이를 사랑하지 않으면서 다른 사람을 사랑하는 자는 덕(德)에 어긋난 것이고, 그 어버이를 공경하지 않으면서 다른 사람을 공경하는 자는 예(禮)에 어긋난 것이다.

· 어버이를 섬기는 자는 윗자리에 있어도 교만하지 아니하고, 아랫자리에 있어도 어지럽히지 아니하며, 많은 사람 중에 있어도 다투지 않는다.

윗자리에 있으면서 교만하면 곧 망할 것이요, 아랫자리에 있으면서 어지럽히면 형벌을 받을 것이요, 많은 사람 중에 있으면서 다투면 상처를 입을 것이니라.

이 세 가지 일을 없애지 않으면 비록 날마다 소·양·돼지의 고기로써 봉양한다 해도 오히려 불효가 된다.

· 다섯 가지 형벌의 종류가 3천 가지나 되지만, 그 죄에 있어

서 불효보다 큰 것은 없다.

《효경》을 통하여 공자는 효자의 다섯 가지 도리를 명백히 밝혀놓고 있다.
① 어버이를 섬김에 있어 부모 슬하에 있을 때는 그 공경하는 마음을 다하라.
② 봉양을 하는 데 있어서는 어버이가 그 즐거움을 다하도록 하라.
③ 어버이가 병이 났을 때는 그 근심을 다하라.
④ 어버이가 죽으면 그 슬픔을 다하라.
⑤ 제사 지낼 때에는 그 엄숙한 마음을 다하라.

공자의 가르침을 받은 증자는 효행으로 유명한데, ‘다섯 가지 불효〔五不孝〕’를 다음과 같이 들었다.
① 집에 있지 않고 함부로 나돌아 다니는 버릇
② 나라에 충성하지 못하는 것
③ 어른들을 공경하지 못하는 태도
④ 벗으로부터 신의를 잃어버리는 일
⑤ 전쟁터에서 용맹스러움을 발휘하지 못하는 행위

공자의 ‘인(仁)’ 사상을 발전시켜 성선설(性善說)을 주장한 맹자(孟子)도 보기 드문 효자였다고 전하는데, 다섯 가지의 불효를 말하고 있다.
① 게을러서 부모님 받드는 일을 소홀하게 하는 것
② 도박과 술을 좋아하여 부모님 받드는 일을 소홀하게 하는 것

③ 돈에 너무 눈이 어둡고, 제 아내와 제 자식만을 위하고 부
　모님을 외면하는 것
④ 눈과 귀의 만족에만 급급하여 부모님을 욕되게 하는 것
⑤ 싸움질을 좋아하거나 성질이 나빠 부모님을 근심되게 하는
　것

　유교에서의 효 사상은 천리(天理), 곧 하늘의 뜻이다. 그렇기
때문에 어버이를 공경하는 일이 바로 인간의 시작임과 동시에
완성임을 역설하고 있다.
　시대는 바뀌었지만 진리는 불변이다. 필자는 모든 사람들에게
《부모은중경》과 《효경》을 권독하고 싶다.

유대교의 효 사상

　유대교의 성전은 히브리어(語)의 성서이며, 내용적으로는 프
로테스탄트(개신교)의 《구약성서》와 같다. 특히 서두의 〈창세
기〉, 〈출애굽기〉, 〈레위기〉, 〈민수기〉, 〈신명기〉 등 이른바 '모
세 5서'는 토라(율법)라 하며 신성시한다.
　토라를 바탕으로 하여 유대계의 전통적 습관, 축제·민간 전승
등이 《탈무드》로 집대성되었다. 《탈무드》란 히브리어로 '미슈나
(Mishnah)'인데, 즉 '가르침'에 대한 교훈이나 설명이라는 뜻
이다.
　유대교에서는 이 《탈무드》를 통하여 효를 매우 크게 말하고
있다. 앞의 '기독교의 효 사상'에서 설명한 바 있는 모세의 십계
명이 유대교에 고스란히 포함됨은 물론이다.
　《탈무드》에 다음과 같은 이야기가 나온다.

다이아몬드와 효자

어떤 비(非) 유대인이 고대 이스라엘의 디마라는 마을에 살고 있었다. 그는 6천 개의 금화에 해당되는 값어치의 다이아몬드 한 개를 갖고 있었다.

어느 날, 어떤 랍비(유대교 교사)가 사원을 장식하는 데 사용하고 싶다면서 6천 개의 금화를 갖고 그의 집으로 다이아몬드를 사러 왔다. 그런데 하필 다이아몬드를 넣은 금고 열쇠를 그의 아버지가 베개 밑에 넣어 둔 채 잠자고 있었다.

그 남자는 랍비에게 정중히 말했다.

"죄송합니다. 곤히 주무시는 아버지를 깨울 수 없으니 다이아 몬드를 팔지 않겠습니다."

남자의 이 말에 랍비는 몹시 감동했다. 그만한 이익을 얻기가 쉽지 않을 텐데도 아버지의 낮잠을 깨우지 않는다는 것은 지극한 효성을 말하는 것이기 때문이다. 랍비는 이 남자의 이야기를 여러 사람에게 들려주었다.

유대교에서 아버지의 위치는 절대적이다. 물론 어머니도 예외는 아니라는 것을 다음 이야기를 통하여 가르치고 있다.

한 랍비가 어머니와 둘이서 걸어가고 있었다. 길은 자갈이 많고 울퉁불퉁하여 걷기가 여간 힘들지 않았다. 랍비는 어머니가 한 발짝씩 내딛을 때마다 자기 손을 어머니 발밑에 받쳐 주었다.

《탈무드》 가운데 양친이 등장하면 반드시 아버지가 먼저 나오는데, 이것은 그 중 어머니만 나오는 유일한 이야기이다.

이 밖에도 효를 바탕으로 삼은 가정 생활을 다음과 같은 행동으로 하도록 가르치고 있다.

· 자식은 아버지를 존경해야만 한다.
· 아버지의 자리에 아들이 앉아서는 안된다.
· 아버지에게 말대꾸를 해서는 안된다.
· 아버지가 만약 다른 사람과 논쟁하고 있을 때, 다른 사람의 편을 들어서는 안된다.
· 아버지를 존경하고 따르는 것은 아버지가 자식을 위해 먹을 것과 의복을 주기 때문이다.

이슬람교의 효 사상

이슬람교는 유대교·그리스도교에서 유래한 일신교(一神敎)이며, 성전은 《코란》이다.

《코란》은 114장으로 이루어져 있는데, 아담을 비롯하여 노아·아브라함·이삭·요셉·모세·다윗·솔로몬·요한·예수 외에 28명의 예언자 이름이 올라 있다. 이 예언자들 가운데 마지막 예언자가 마호메트이다.

이슬람교는 마지막 예언자 마호메트가 나타나기까지의 유대교·그리스도교의 역사를 전사(前史)로 보고 있다. 때문에 이슬람교의 교리 및 실천 속에는 유대교·그리스도교와 공통된 내용이 많다.

효에 대한 사상도 본질적으로 같다. 《코란》에는 다음과 같은 말로 효의 사상을 강조하고 있다.

· 부모에게 효도를 다하고 아무리 가난해도 자식을 죽여서는

안된다. 어머니는 고통을 받아가면서 아이를 잉태하고, 고통을 받아가면서 아이를 낳는다. 아이를 배고 젖을 뗄 때까지 30개월이나 걸리는 것이다. 그 은혜를 결코 잊지 말라.

·너희들의 돈은 양친, 친척, 인척, 고아, 가난한 사람들, 그리고 나그네를 위해 쓰는 것이 가장 좋다.

또한 이슬람교에서는 부모를 위해 다음과 같이 기도를 드리도록 되어 있다.

"아버지와 어머니 중에서 한쪽 혹은 양친이 너희들 곁에서 늙었을 때에는 마음으로부터 우러나오는 정다움과 부드러움으로 대하여라. 부모를 향하여 혀를 차거나 거치른 말씨를 써서는 안된다. 반드시 정중한 말씨로 이야기하여라.

그리고 부모님의 은혜를 잘 헤아리면서 두 손을 두 분(부모님) 위에 내려 닿게 하면서 '주여, 양친께서 나를 길러 주신 것처럼 두 어른 위에 아무쪼록 은혜를 베풀어 주시옵소서'라고 기도를 드려라."

무슬림(이슬람교도)은 《코란》의 가르침에 절대 복종하는 것을 신앙의 지표로 삼고 있다.

한국 민족 종교의 효 사상

한국의 대표적인 민족 종교로는 대종교(大倧敎)·천도교(天道敎)·원불교(圓佛敎) 등을 들 수 있다. 또한 민족 계열의 성격을 지닌 종단으로서는 기독교 계열의 통일교회, 불교 계열의 천태종(天台宗), 증산 계열의 대순진리회 등을 들 수 있겠다.

대종교는 국조(國祖) 단군(壇君)을 교조로 하는 한국의 고유종교인데, 《천부경·天符經》과 《삼일신고·三一神誥》를 기본 경전으로 하고 있다. 사상의 핵은 인간을 크게 넓게 이롭게 한다는 '홍익인간(弘益人間)'이며, 이는 곧 배달 겨레의 건국 이념이기도 하다.

대종교에서는 충효 사상을 매우 중요시하고 있다. 단군 한배검께서 백성을 크게 깨우쳐 주신 글(《대화문·大話文》)에 충효 사상을 명확히 밝히고 있다.

"너희가 생겨났음은 어버이로 하여금 났으며, 어버이는 한얼님으로부터 면면히 내려오셨다. 그러니 너희는 어버이를 공경하고 한얼님을 진실로 공경하여 온 나라에 바치도록 하여라. 이것이 곧 나라에 충성하고 어버이에게 효도하는 길이다. 이 도리를 진실로 잘 지키면 설사 한울이 무너진다 해도 반드시 화를 면할 것이다."

또한 배달 민족의 창세기인 《신사·神事》에는 효도하지 않음과 충성하지 않음, 그리고 공경하지 않음을 세 도적이라 밝히고 있다.

'인내천(人乃天) 사상'을 기본 사상으로 하고 있는 천도교는 한국에서 발생한 종교이다. 신앙의 대상인 신(神)을 '한울님'이라고 부르는데, 그 뜻은 무궁·무한의 시간과 공간을 총칭하는 우주를 말한다. 즉 한울님은 천지 만물의 창조주가 되는 동시에 만물의 부모가 된다.

인간도 한울님의 기운으로 창조되었고, 그러므로 인간 속에 한울님이 존재하고 있다는 것이다. 이것이 바로 '인내천', 사람이 곧 하늘이라는 사상이다.

천도교에서는 한울님 모시기를 부모섬기는 것과 같이 하라고 효 사상을 강조하고 있다.

"무슨 일을 할 때에 자기의 내키는 마음대로 하지 말고 부모에게 여쭈어서 그 말씀에 좇아 행해야 한다. 그렇듯이 매사를 한울님에게 심고(心告·한울님에게 마음으로 고하는 일)를 드려서 그 명에 따라 행하라.

어디에 갈 때나 돌아왔을 때, 잠을 자거나 일어났을 때, 식사를 할때, 그밖에 일거 일동을 부모에게 고하듯 한울님에게 마음으로 고하라. 항상 웃는 얼굴로 큰소리를 내지 아니하고 효성을 다하여 부모님을 기쁘게 해 드리듯 한울님을 정성을 다하여 공경하라."

인간의 존엄성과 평등을 강조하는 천도교는 민주적 사상의 바탕 위에서 민족주의적 사상을 지니게 되고, 그것은 마침내 동학 혁명으로 표출되었다. 동학 혁명의 4대 강령 중에도 '충성과 효도를 겸한다'라는 내용이 들어 있다.

통일교회에서는 참자녀, 효자 효녀가 되기를 온 인류에게 호소하고 있으며, 후천개벽 사상을 담고 있는 원불교에서는 일원상*의 내역을 이루는 '4은(四恩)'의 '부모은(父母恩)'을 통하여 효 사상을 고취시키고 있다.

그리고 대중 불교의 실현, 생활 불교의 실천, 애국 불교의 건립을 3대 지표로 내세우고 있는 천태종에서는 불교의 효 사상을 그대로 고수하고 있으며, 그것을 생활속에 깊이 뿌리내리도록 적극 권장하고 있다.

---

*일원상(一圓相) : 선종(禪宗)에서, 완전·원만의 상(相)으로, 깨달음의 표상으로 나타내는 둥근 형상.

◀ 孝 시조 ④ ▶

뫼는 길고길고

뫼·는 길고길고
·
물은 멀고멀고
어버이 그린 뜻을
많고많고 하고하고
어디서 외기러기는
울고울고 가느니.

윤선도
───────────────
　윤선도(尹善道, 1587~1671)는 조선조 중기의 문신이며 시조 작가이다.
당파싸움으로 인하여 40여 년간을 영덕, 해남, 보길도 등지에서 유배 생활
을 했는데, 이 기간 중 〈어부사시사〉를 비롯한 많은 시조를 지었다.
　이 시조에서 '뫼'는 '산(山)이며', '하고하고'는 '많고많고'의 뜻을 지
닌다.
　윤선도는 8세 때에 자식이 없는 숙부 윤유기(尹惟幾)의 양자로 갔다. 세
월이 흘러 22세 때에 양모가 돌아 가셨고, 23세 때 친모를, 26세 때 친부를
여의었다. 이 시조는 그가 경원(慶源)땅으로 유배되었을 때 홀로 남으신 양
아버지를 생각하고 쓴 시조이다.

5

孝 이야기

나무는 고요하려 해도 바람이 멎지 않네

애석한 일이지만, 인간은 현재라고 하는 시간을 정확하게 포착하는 것이 서툴다. 때문에 오늘의 행동에 대한 옳고 그름에 대한 판단을 내리기가 쉽지 않다. 그것은 세월이 흐른 후, 다시는 그 시절로 되돌아갈 수 없을 때 이르러서야 비로소 깨닫게 된다.

"아아, 그때 내가 왜 그랬던가!"

가슴을 찢으며 후회의 눈물을 흘려도 이미 때는 늦었다.

세상의 모든 일에는 때가 있다. 공부하는 데도 때가 있고, 효도에도 때가 있다. 결혼에도 때가 있고, 심지어는 저축과 질병에도 때가 있다. 학창 시절에 공부하지 않으면 공부할 기회는 요원해 진다. 부모님이 살아 계실 때 효도하지 않으면 죽은 후에 땅을 치고 통곡해도 소용이 없다. 스스로의 힘으로 돈을 벌

때 근검 절약하여 조금씩조금씩 저축하지 않으면 늙어서는 저축을 하고 싶어도 돈이 없어 저축을 못한다. 질병을 발견하고 치료하는 데 시기를 놓쳐 목숨을 잃게 된 경우도 많다.

"나무는 고요하려 해도 바람이 멎지 않네."

이 말은 《한씨외전·韓氏外傳》중에 나온 말인데, 한문으로는 '수욕정이풍불지(樹欲靜而風不止)'이다.

공자(孔子)가 이 나라 저 나라를 유랑할 때, 어느 강가에서 슬피 우는 한 남자를 보게 되었다.

"어인 일로 그리도 슬피 우십니까?"

공자가 물었을 때 그 남자는 침통한 음성으로 말했다.

"저는 세 가지 큰 죄를 저질렀습니다. 그 첫째는 부모님에게 지은 죄입니다. 저는 젊어서 학문을 좋아하여 훌륭한 스승을 찾아 천하를 두루 돌아다녔습니다. 그러다가 고향에 돌아와 보니 이미 부모님은 돌아가신 후였습니다. 이것이 큰 죄입니다."

"두번째는 무슨 죄입니까?"

"내가 모셨던 주인에게 지은 죄입니다. 제가 일자리를 얻어 주인을 위해 정성껏 일을 하려고 노력했습니다. 그런데 주인이 하도 교만하여 그만 거기에서 뛰쳐 나왔습니다. 깊이 생각해 보니 이것도 역시 큰 허물이었습니다."

"세번째는 무슨 죄입니까?"

"친구에게 지은 죄입니다. 저에게는 아주 친한 친구가 있었습니다. 그런데 어떤 사정으로 말미암아 절교를 하고 말았는데, 돌이켜 생각하면 이것 역시 큰 실패가 아닐 수 없습니다.

나무는 고요하려 해도 바람이 그치지 않습니다. 부모님을 모시려 해도 부모님이 기다려 주지 않습니다. 세월은 한 번 가면 다시는 못오는 것과 마찬가지로 한 번 가신 부모님을 다시는 뵈

올 길이 없습니다."

남자는 이런 말을 하고 나서 주먹 같은 눈물을 뚝뚝 떨구었다. 한참을 울던 남자는 공자를 보고,

"죄 많은 이 몸, 이제 더 살 생각이 없습니다."

하고 말하면서 순식간에 강물에 몸을 던졌다. 남자가 투신한 강물을 멍하니 보고 있던 공자가 제자들에게 일렀다.

"오늘의 일을 적어 두어라. 계명으로 삼을 만하도다."

공자의 이 말이 끝나자마자 제자들 사이에 동요가 일었다. 13경의 제자들이 발길을 돌려 고향으로 돌아간 것이다.

필자는 앞에서 동서 고금을 고찰하고, 온갖 비유와 사례를 들어 가며 누누이 '어버이의 은혜'와 '효(孝)'를 역설했다. 그것은 철없던 시절에 마음과 말과 몸으로 저질렀던 내 자신의 불효가 뼈에 사무쳤기 때문이다.

율곡도 말했지만, 효도하지 않는 것은 어버이의 은혜를 깊이 알지 못하는 까닭이다. 그런 이유에서 필자는 부모님의 은혜를 가슴 뜨겁게, 모든 자식된 사람들의 가슴을 뭉클하게 그리고 싶었다. 그러나 큰 감동을 담지 못한 것은 순전히 필자의 필력이 미천해서이다.

아무튼 필자의 이 마음이 널리 전달되어 많은 사람들이 어버이의 은혜를 깊이 깨닫고, 효 사상을 고취시켰으면 한다. 특히 불효자들이 읽고 참회의 눈물을 흘리기를 바란다.

참회의 눈물을 흘리는 그 순간부터 차츰 불효의 죄를 씻을 수 있을 것이다.

'아직 힘이 약해지기 전에 죄를 뉘우치는 자에게 행복이 있으라. 힘이 그대에게서 떠나기 전에 뉘우치라. 빛이 아직 사라지

158

기 전에 기름을 치라'고 《탈무드》는 말하고 있다.

참회의 눈물

　행실이 아주 좋지 못한 아들을 둔 과부가 있었다. 과부는 아들에게 착한 사람이 되라고 수없이 타일렀지만 소용이 없었다.
　어느 날 과부는 생각한 바가 있어 아들에게 망치와 못을 주며 말했다.
　"오늘부터 네 스스로 좋지 못한 일을 했다고 생각될 때마다 기둥에 못 한 개씩을 박아라!"
　과부의 이 말을 들은 아들은 쾌히 승낙했다. 어머니의 소원이라는데 그까짓 쉬운 일 한 가지쯤 못 들어줄 이유가 없었다. 또 한편으로 그렇게 하는 것도 재미가 있을 것 같았다.
　이날부터 아들은 못된 짓을 할 때마다 기둥에 못 한 개씩을 박았다. 한 개 두 개 박히던 못은 오래지 않아 고슴도치의 가시처럼 기둥에 빽빽하게 박히게 되었다.
　어느 하루, 그날도 아들은 못을 박으려고 기둥 앞에 섰다. 그때 순간적으로 느끼는 바가 있었다. 자기 스스로 못된 짓이라고 깨달은 것만 헤아려도 저렇게 많은데 남이 볼 때에는 얼마나 많은 죄를 저질렀을까를 생각하게 된 것이다.
　그날 밤, 아들은 지난날의 여러 가지 일을 생각했다. 나쁜 짓을 할 당시에는 그 일이 세상에 다시없이 재미있고 즐거웠었다. 그런데 지내놓고 보니 견딜 수 없이 후회스러운 것이었다.
　그런 생각을 하게 된 아들은 밤새도록 참회의 눈물을 흘렸다. 세상에 태어나서 처음으로 뉘우치는 눈물을 흘린 것이었다.
　다음날 아침, 아들은 어머니 앞에 엎드려 통곡을 하며 지난날

아버지의 허물은 잊고 그 아름다운 덕은 공경하라
〈예기〉

의 잘못을 용서해달라고 빌었다. 그 순간 과부의 눈에도 감격의 이슬이 맺혔다.

과부는 두 뺨에 흐르는 눈물을 닦아낸 후 차분하게 가라앉은 소리로 말했다.

"자! 이제 눈물을 거두어라. 너의 잘못을 깨달았다면 그걸로 되었다. 앞으로는 다시 죄 짓지 않고 좋은 일을 하면 된다. 앞으로는 좋은 일을 할 때마다 기둥에 박힌 못을 한 개씩 뽑아내도록 해라!"

이날부터 아들은 사람이 달라졌다. 어제까지는 좋지 못한 일을 골라가면서 저질렀으나, 이날부터는 착한 일만을 하는 사람이 되었다. 그리고 얼마간의 세월이 흘렀을 때는 기둥에 가득 찼던 못이 다 빠졌다.

기둥의 못이 다 빠지자 아들은 무척 기뻐했다. 그러나 가슴아픈 것은, 기둥에 못이 박혔던 자국은 그대로 남아 있는 것이었다.

그후 아들은 그 못자국을 볼 때마다 죄에 대해 경각심을 가지게 되었다. 한 번 옳지 못한 일을 저지르면 그것이 완전하게 아물지 않는다는 것을 깨닫게 되어 그것을 보상하기라도 하듯이 더욱 선행에 힘썼다.

　아우구스티누스는 '자신의 실력이 불충분하다는 것을 아는 것이 자신의 실력을 충실하게 한다'고 했다.

　인간은 신이 아니기 때문에 완전할 수는 없다. 알게 모르게 실수를 하기도 하고, 잘못을 저지르기도 한다. 그리고 인간은 실패에서 더 큰 교훈을 배우고, 잘못을 저지른 뒤에라야 그 잘못을 고칠 수 있게 된다.

　잘못을 반성할 줄 아는 인간은 고결하다. 진정한 용기가 있는 사람이다. 그러나 자기가 불효자이면서도 불효를 깨닫지 못한 사람은 구제 불능이다. 인간 중에서도 최하질이다.

　이 장에서는 효자·효녀·효부의 이야기를 실었다. 감동적인 이야기를 통하여 무엇이 효도이고 무엇이 불효인지, 효의 참뜻을 마음에 새겼으면 한다.

◀ **孝 시조 5** ▶

부모님 계신 제는

부모님 계신 제는
부몬 줄을 모르더니
부모님 여읜 후에
부몬 줄 아노라
이제사 이마음 가지고
어디다가 베푸료.

이숙량

이숙량(李叔樑, 1519~1592)은 조선 선조 때의 학자로서 임진 왜란 때 74세의 늙은 몸으로 의병을 일으켜 전투를 하다 죽었다. 글씨를 잘 써서 선성 삼필(宣城三筆)의 칭호를 받았다.

이 시조는 부모님이 돌아 가신 후에 그 높고 깊은 은혜를 깨닫고 후회하게 된다는 뜻을 담고 있다. 때늦은 깨달음을 했지만, 그 깨달음의 마음을 이제 어디에다 어떻게 쏟으면서 효도한단 말인가!

◀ 제1화 ▶

효자의 길

공자의 표정은 심각했다.

공자는 아무 말이 없었다. 천장을 향해 고개를 쳐들고 책상머리에 가부좌를 틀고 앉아, 두 눈을 지그시 감고 있었다.

제자들은 스승의 그런 모습을 보고 영문을 모르겠다는 표정으로 서로 눈빛만을 교환하고 있었다. 무거운 침묵이 방안 공기를 숨막히도록 만들었다. 이윽고 사(賜)가 침묵을 깨고 조용히 입을 열었다.

"스승님, 지금 항간에서는 삼의 이야기로 떠들썩합니다. 사

그래도 공자는 아무 말도 하지 않았다. 이번에는 파(頗)가 조심스럽게 말했다.

"스승님, 지금 항간에서는 삼의 이야기로 떠들썩 합니다. 사람들은 입을 모아 삼을 세상에서 보기 드문 효자라고 칭찬하고

있습니다. 여기에 대하여 스승님의 말씀을 듣고 싶습니다."

그제서야 공자는 지그시 감았던 눈을 슬며시 뜨며 다소 퉁명스럽게 말했다.

"너희가 효자라고 떠드는 삼의 이야기를 다시 한 번 자세히 해 보아라. 그래, 삼의 어떠한 점이 효행이란 말이더냐?"

스승의 표정과 말투로 보아서 증삼의 효행을 달갑지 않게 생각하고 있다는 것을 제자들은 확연히 느꼈다. 제자들은 스승의 말을 알아 듣기 어렵다는 듯이 서로 얼굴을 마주 보다가는 사가 대답했다.

"스승님, 이미 말씀드렸지만 삼의 효행은 많은 사람들에게 깊은 감명을 주었습니다."

"어떤 점이 효행인가를 다시 말하라고 하지 않았느냐!"

공자가 추궁하자 사는 삼의 효행을 말하기 시작했다.

"며칠 전 삼은 아버지와 함께 오이밭에서 일을 하였습니다. 삼의 아버지 증석(曾晳)은 처음부터 아들에게 오이덩굴을 조심하라고 주의를 주었습니다. 그런데 삼은 몇 번인가 실수를 하여 오이덩굴을 밟아 끊고 말았습니다. 실수가 몇 차례 반복되자 삼의 아버지는 대로하였습니다.

'이놈아! 몇 번이나 주의를 주었는데도 불구하고 오이덩굴을 밟아 끊다니, 이건 네놈이 평소에 아비의 말에 주의가 부족하다는 증거다!'

삼의 아버지는 이렇게 소리치며 아들의 버릇을 가르치기 위해 옆에 있던 작대기로 삼을 때렸습니다. 매가 잘못되어 작대기에 급소를 맞은 삼은 그만 정신을 잃고 말았습니다.

'아이쿠, 내 아들 삼아!'

삼의 아버지는 뜻하지 않았던 아들의 기절에 무척 당황하였습니다. 일이 이렇게 되고 보니 집안에서는 큰 소동이 일어났습니다. 급히 의사를 불러 오고, 좋다는 약을 사왔지만 삼은 좀처럼 깨어나질 않았습니다. 삼의 어머니께서는 귀한 아들이 죽었다고 땅을 치며 대성 통곡을 하였습니다. 이러니 매를 때린 아버지의 그때 심정은 어떠했겠습니까? 아버지는 마음속으로 누구보다 아들 삼을 귀엽게 여기고 사랑하던 터이라, 얼마나 후회하고 애통해 했는지 모릅니다."

여기까지의 이야기를 들은 공자는 미간을 찌푸리며 다시 눈을 감았다. 그러고는 왼주먹을 쥐어 이마에 갖다붙였다. 스승의 그러한 표정을 본 사는 잠시 머뭇거리다가 다시 말을 이었다.

"그런 소동이 있은 후에 삼이 살아났습니다. 죽은 줄만 알았던 삼이 살아나자 부모님의 기쁨은 말할 것도 없고, 거기에 모인 모든 사람들이 안도의 한숨을 몰아쉬며 기뻐하였습니다. 사람들이 삼의 효행에 감명을 받은 것은 바로 그때의 일이었습니다."

사는 잠시 이야기를 멈추고 스승의 표정을 살폈다. 공자는 여전히 심각한 표정을 하고 눈을 감은 채 손등으로 이마를 툭툭 치고 있었다.

'아니, 스승님께서 왜 저러실까?'

사는 곁에 있는 파에게 눈짓으로 스승님 좀 보라는 시늉을 했다. 파는 스승을 본 후에 고개를 절레절레 흔들었다.

이때 공자가 갑자기 눈을 번쩍 떴다가 감으면서 다음 이야기를 재촉했다. 사가 다시 이야기를 시작했다.

"죽었다가 살아난 삼의 태도는 실로 사람들을 놀라게 하고도 남음이 있었습니다. 삼은 깨어나기가 무섭게 아버지 앞에 꿇어 앉아 자기의 잘못을 뉘우치며 용서를 빌었습니다. 눈물까지 흘리면서 말입니다. 스승님, 그게 어디 보통 일입니까? 보통 사람 같으면 으레 아버지를 원망하며 죽는다고 엄살을 피웠을 것입니다. 그런데 삼은 자기의 부주의로 인하여 잠시나마 부모님께 근심을 끼쳐드렸으니 천하에 불효 막심한 놈이라고 후회했던 것입니다. 삼의 그러한 태도가 효행이 아니고 무엇이겠습니까?"

사의 말에 파가 신이 나서 거들었다.

"어디 그뿐이겠습니까! 아버지가 용서한다는 말을 듣고서야 땅에서 일어 선 삼은 곧 하인들에게 거문고를 가져오라 해서, 그 거문고를 뜯어 부모님의 마음을 위로하여 드렸습니다. 이 얼마나 효성이 지극한 행동입니까? 요즘 항간에서는 이러한 삼의 효심을 극구 칭찬할 뿐만 아니라, 삼이 도로 살아난 것도 효심이 지극한 탓으로 하늘이 돌보아준 것이라고들 말하고 있습니다."

"과연 그렇습니다, 스승님. 그러니 삼이야 말로 하늘이 알아 주는 효자가 아니겠습니까?"

사가 맞장구를 치며 스승의 말을 기다렸으나 공자는 계속 눈을 감고 이마만을 치고 있었다.

이때 한 제자가 안으로 들어 와서여쭈었다.

"스승님, 지금 문 밖에 증삼이 스승님을 뵈옵고자 와 있습니다."

이 말을 들은 공자는 이마를 치고 있던 손을 멈추고 무거운 입을 열었다.

"당장 돌아가 깊이 반성하라고 전하여라!"

모든 제자들은 놀라지 않을 수가 없었다. 특히 조금 전에 삼의 효행을 입에 담았던 사와 파의 놀라움은 더욱 컸다.

"스, 스승님! 삼과 같은 효자에게 칭찬은 못해줄망정 반성이
라니요……?"

사의 이 말에 공자는 무섭게 눈을 부라리며 밖에까지 들리도
록 크게 소리쳤다.

"천하에 미련한 놈이니 돌아가 반성한 후 잘못을 깨닫거든 다
시 오라고 전해라!"

문밖에 기다리고 있던 증삼은 스승의 성난 목소리를 듣고 깜
짝 놀랐다. 사실 그는 스승으로부터 칭찬을 받을 것을 은근히
기대하고 있었는데, 뜻밖에도 모진 꾸중을 들은 것이었다.

"영문은 모르겠지만, 스승님께서 몹시 노하셨네. 자네더러 반
성한 후에 잘못을 깨닫거든 다시 오라고 하셨네."

스승의 말을 전하는 동문에게 증삼은 얼굴을 붉히며 나직한
소리를 냈다.

"대체 무엇을 반성하란 말인가? 내가 무슨 잘못을 했단 말인
가!"

"내가 어떻게 알겠는가. 나는 단지 스승님의 말씀을 전한 것
뿐일세."

"여보게, 다시 한 번 스승님께 여쭈어 주게. 반성을 하더라도
잘못을 알아야 반성할 것이 아닌가."

제자는 다시 방으로 들어와 증삼의 말을 전했다.

"미련한 놈, 아직도 제 잘못을 모르는 모양이구나. 그놈이 얼
마나 불효 막심한지 내가 이야기를 하나 할 테니 새겨듣도록 하
여라."

공자는 군침으로 목청을 가다듬은 다음 이야기를 시작했다.

"옛날 고수(瞽瞍)라는 자에게 순(舜)이라는 자식이 있었다. 순이
어렸을 때 그 어머니가 죽었는데, 아버지인 고수는 다시 장가를

들어 상(象)이라는 자식을 낳았다. 의붓어머니는 성정이 포악하여 몹시도 순을 구박했다. 고수도 아내의 말만 듣고 아들 순을 못마땅하게 생각했고, 부모의 사랑을 독차지 받는 동생 상마저 형을 무시하기에 이르렀다. 이렇게 순은 아버지와 어머니, 그리고 동생 사이에서 공연히 미움만 받고 천덕꾸러기로 자랐다. 그러나 순은 효심이 지극할 뿐만 아니라 총명한 아이였다. 부모님과 동생이 아무리 천대하고 고통스럽게 하여도, 심지어는 죽이려고까지 했지만, 결코 원망 같은 것은 하지 않았다.

'언젠가는 부모님께서도 나를 사랑해 주실 것이다. 세상에 영원토록 자식을 미워하는 부모는 없으니까…….'

순은 이렇게 생각하고 항상 부모님을 진심으로 섬겼다. 부모님이 그를 찾아 심부름이라도 시키고 싶어 할 때에는, 언제나 주변에 있다가 부모가 오래 찾지 않도록 하였다. 그러나 부모의 마음에 무서운 증오심이 싹터 그를 죽이고자 찾을 때에는 멀리 피해서 그 증오심이 가라앉기를 기다렸다. 또한 부모가 노여워 그를 때리고자 회초리를 들고 나설 때에는 기꺼이 꿇어 앉아 매를 맞음으로써 부모님의 노여움을 풀어 드렸다. 그렇지만 회초리가 아닌 몽둥이를 들고 나설 때에는 멀리 피하여 달아나고 말았다. 그렇다면 너희들은 순이 달아난 이유를 알겠느냐?"

공자의 물음에 사가 대답했다.

"목숨이 위태롭기 때문입니다."

공자는 고개를 끄덕였다.

"그렇다. 목숨이 위태롭기 때문에 피했던 것이다. 회초리에 맞으면 아프기는 할지언정 생명에는 지장이 없지만, 큰 몽둥이는 다르다. 잘못 맞으면 증삼의 예와 같이 기절하거나 죽을 수도 있는 것이다. 순이 매사에 이렇게 행동했기 때문에 그 아버지인 고수는 자식을 죽이기까지 할 뻔한 큰 죄를 면할 수 있었고, 마침내는 부모의 마음을 움직여 그의 효도를 완성할 수 있었다.

　이러한 순의 효행은 모든 사람들을 감복시켰다. 백성들은 그를 만나면 길을 비켜 저절로 고개를 숙였고, 강가에서 만나면 고기가 잘 잡히는 자리를 그에게 양보하였다. 그리고 이 소문을 들은 요(堯) 임금은 순을 부마 도위*로 삼고, 나중에 천자의 지위까지 그에게 주었다. 순의 효행은 그렇건만 증삼이 한 짓은 순의 반대로 하지 않았더냐. 부친이 작대기를 들어 치려 할 때 그 미련한 놈은 피할 생각도 않고 그대로 맞아 죽었다는 소동까지 일으켰다. 다행히 깨어나서 즉시 잘못을 뉘우친 것 때문에 너희들은 효자라고 말들을 하는데, 만약 증삼이 아주 숨이 끊어졌다고 생각해 보아라. 그렇다면 그 아비는 어찌 되었겠느냐! 아비로서 자식을 죽인 큰 죄를 범하는 결과를 빚는데, 자식으로서 그 보다 더 큰 불효가 어디에 있겠느냐. 설령 거기에까지는 미치지 못했다 할지라도, 잠시나마 아비가 자식을 죽였다고 비통하게 만들었으니, 그때 피하여 부친의 노여움이 가라 앉기를 기다림만 못하다. 이래도 너희들은 그 미련한 증삼더러 효자라 할 수 있겠느냐? 가서 이 말을 전하라."

　묵묵히 듣고 있던 파가 새삼 깨달은 표정을 하고선 문 밖으로 나갔다. 파가 전하는 말을 들은 증삼은 자기의 가슴을 치고 후회했다.

　"내가 생각이 짧아 미련한 짓을 했어! 아아, 이 불효를 어떻게 씻어야 한단 말인가!"

　증삼이 돌아간 후, 파는 다시 들어와 스승께 아뢰었다.

---

*부마 도위(駙馬都尉) : 임금의 사위.

"삼에게 스승님의 말씀을 그대로 전하였습니다. 그랬더니 삼은 가슴을 치고 후회하며 힘없이 돌아 갔습니다."

공자는 그제서야 찌푸린 미간을 펴며 막혔던 한숨을 훅 내쉬었다.

"그래, 역시 그녀석답다. 본래 증삼에게는 훌륭한 점이 많으니 너희들도 본을 받아야 하느니라. 즉시 잘못을 뉘우치는 것은 증삼의 훌륭한 점이야. 나는 오늘 그를 위하여 그대로 그를 돌려 보냈다. 그는 오늘의 이야기를 교훈 삼아 후일 '효의 길'을 완성하여 후세에 남길 것이다."

공자의 예언은 적중했다. 과연 증삼은 그의 효도를 다하여 많은 가르침을 후세에 전했다. 《효경(孝經)》을 그가 지었다는 설이 있다.

◀ 제2화 ▶

백유가 우는 까닭
伯兪

백유에게 과오가 있어서 그 어머니가 매를 때렸더니 백유가 슬피 울었다. 그 어머니가 이상하게 생각하고 까닭을 물었다.

"일찍이 다른 때는 매를 맞아도 우는 일이 없더니 오늘 우는 것은 무슨 까닭이냐?"

백유가 목멘소리로 대답했다.

"일찍이 제가 잘못하여 매를 맞을 때에는 항상 아팠습니다. 그런데 오늘은 어머니의 기운이 저를 아프게 하지 못했습니다. 그 때문에 울었습니다."

백유(伯兪)는 춘추 시대 한(漢)나라 사람으로 지극히 효성스러웠다고 한다. 위의 이야기는 《상우록·尙友錄》에 나와 있다.

어머니가 때린 매가 아프지 않았다는 것은 기력이 쇠하여 졌기 때문이고, 그것은 곧 늙음을 의미한다. 효자는 어머니의 늙음을 슬퍼한 것이다.

우리 나라에도 어머니를 업었다가 그 몸이 예전에 비하여 가벼워졌다고 눈물을 흘린 효자의 이야기가 전해지고 있다. 몸이 가벼워졌다는 것 역시 늙음을 의미한다.

부모가 늙어가는 것을 슬퍼하는 자식의 마음, 이것을 '효'라고 한다.

제3화

하늘이 보낸 효자

조선조 제18대 현종 때 제주도 성산읍 고성리에 홍달한(洪達漢)이라는 효자가 있었다. 심성이 착하고 효성이 지극하여 사람들은 '하늘이 보낸 효자'라고 입을 모아 칭송했다.

홍달한은 어려서부터 효성이 지극하여 부모님의 말씀을 거역한 적이 없었다. 항상 몸과 마음을 바르게 하여 예절을 지키고 어른을 공경했다.

어린 시절에 홍달한은 친구들과 함께 산에 올라갔다가 산비둘기 새끼 한 마리를 잡아가지고 집으로 돌아왔다. 그것을 본 어머니가 이렇게 타일렀다.

"애야, 왜 불쌍한 날짐승을 잡았느냐, 그것도 새끼를 말이다. 말 못하는 짐승이라고 해서 함부로 잡거나 살생해서는 안된다. 어서 그 산비둘기를 날려보내도록 하여라."

　이때부터 홍달한은 어머니의 말씀에 따라 개미 한 마리도 함
부로 죽이지를 않았다. 또한 생선 장사가 살아 있는 고기를 팔
러 오면 고기를 사서 바다에 넣어줄 정도로 살생을 경계했다.
　아버지가 세상을 뜨자 달한은 삼년 동안 무덤 옆을 하루도 떠
나지 않고 지켰다. 그러면서 매일 상복의 앞섶으로 돌을 날라다
무덤 뒤에 곡장*을 쌓았는데, 동네 사람들이 감동하여 함께 돌
을 나르곤 했다.
　아버지의 삼년상을 지낸 홍달한은 홀어머니를 더욱 정성껏 모
셨다. 홍달한이 어머님께 효성을 다하자 그의 아내와 자식들도
본을 받아 효성이 지극했다.
　"홍 효자 집은 부창 부수요, 부전 자전이야!"
　"그래, 남편이 잘하니까 부인도 잘하고, 아버지가 효성스러
우니까 그 아들들도 효성스러운 것이야."
　마을 사람들은 이렇게들 말하며 홍씨 가(家)의 효성을 부러워
했다.
　홍달한은 말[馬]을 기르고 있었다. 동물을 끔찍이 사랑하는 마
음 탓인지 말들도 그의 말을 잘 들었다. 결코 곡식을 훔쳐먹거
나 곡식밭으로 들어가는 일이 없었다. 또 홍달한이 어디에 갈
일이 있을 때면 지팡이로 선을 그어서 말들을 에워놓고 갔다.
　"말들아, 이 안에서만 풀을 뜯어먹고 절대로 밖으로 나가면
안된다."
　이렇게 당부를 해 놓으면 신통하게도 말들은 그가 돌아올 때
까지 그 안에서 얌전하게 풀을 뜯었다.
　삼년상이 끝난 다음해의 아버지 제삿날이 다가오자 홍달한은
걱정이 되었다. 제사에 쓸 생선을 구하기 위해 하는 수 없이 고

─────────────
*곡장(曲牆) : 능(陵)과 원(園)또는 예장(禮葬)한 무덤 뒤에 둘러쌓은 나지막한 토담.

174

기잡이를 가야 하기 때문이었다. 그는 깊은 생각 끝에 낚싯바늘을 일자로 곧게 펴서 바다로 나갔다.

'곧은 낚싯바늘에 세 번 걸린 생선이라면 하늘이 나에게 내린 제수*이므로 젯상에 놓자!'

홍달한은 이렇게 생각하며 낚싯대를 바다에 드리웠다. 그러자 곧 팔뚝만한 숭어가 낚시에 걸렸다.

"쯧쯧, 불쌍한 것. 어쩌다가 나의 곧은 낚싯바늘에 걸렸단 말이냐! 놓아줄 테니 다음에는 부디 걸리지 말아라."

홍달한은 숭어의 꼬리를 조금 자른 후에 바다에 놓아 주었다. 그런데 잠시 후 또 그 숭어가 잡혔고, 다시 놓아 주었는데도 그 숭어가 또다시 잡혔다.

이렇게 하여 제수를 장만한 홍달한은 아버지의 제사를 지냈는데, 이런 방법으로 해마다 제수를 구했다.

세월이 흘러 어머니가 노환으로 자리에 눕게 되었다. 홍달한은 침식을 잊고 구병에 힘썼다. 원기 회복에 좋다는 약은 아무리 먼곳에 있더라도, 돈이 얼마나 들더라도 구해와 잡수시게 하였다.

그러나 그런 정성도 보람이 없이 어머니의 병환은 더욱 깊어가기만 했다. 깊은 수심에 잠겨 있던 홍달한은 어느 날부터인가 어머니의 대변을 손가락에 찍어 맛보기 시작했다. 그것을 본 아들이 깜짝 놀라 물었다.

"아니, 아버지! 할머니의 똥을 다 잡수시다니오……?"

홍달한이 입맛을 쩝쩝이면서 조용히 대답했다.

"누군가가 말하기를 사람의 똥에 구린 맛이 강해야 오래 산다고 하더구나. 그런데 네 할머니의 똥은 구린 맛이 약하여 걱정

**제수(祭需): 제사에 소용되는 여러 가지 음식이나 재료.

이다."

아버지의 지극한 효성에 아들은 깊은 감동을 받고 숙연해
졌다.

홍달한은 날마다 어머니의 대변을 맛보며 건강 상태를 진단
했다. 그런데 대변의 맛은 갈수록 단맛이 더하더니 마침내 홍시
처럼 달게 되었다.

"나의 불효가 너무 커서 하늘이 노한 것이다!"

홍달한은 마당에 무릎을 꿇고 앙천 통곡*했다.

"하늘이시여! 이 불효자식을 가련히 여겨 용서하시고 제발
저의 어머니를 살려 주소서. 제발 살려 주소서!"

홍달한의 구슬픈 울음소리에 동네 사람들이 담 밖에 모여 들
어 이렇게 수근거리며 눈물짓기도 했다.

"홍씨 어머니는 오래 사셨어. 이젠 돌아가셔도 여한이 없을
거야."

"암, 그렇지. 그렇지만 홍씨같은 효자의 입장에서는 언제까지
나 살아 계셨으면 하는 마음이 없을 수가 없겠지."

"어쨌든 홍씨는 하늘이 내린 효자야. 암, 효자 중의 효자고 말
고. 저리 슬피우는 것을 보니까 나도 괜시리 눈물이 나는구만."

홍달한은 어머니의 대변이 홍시처럼 달게되면서부터 잠시도
어머니의 곁에서 떠나질 않았다. 갖옷**을 입은 채 겨우내 마루
방에 계속 지내면서 구병을 하는 동안 이가 몹시 생겼다.

지루하고 추운 겨울이 계속되다가 모처럼 햇살이 따가웠다.
그 동안 어머니의 병환도 약간 나은 듯했다. 그래서 홍달한은
양지바른 마당 구석에 앉아 이를 잡기 시작했다.

---

*앙천 통곡(仰天痛哭): 하늘을 쳐다보고 몹시 욺.
**갖옷: 모피(毛皮)로 안을 댄 옷.

이를 잡는 방법도 아주 특별했다. 그는 이를 잡아 죽이는 것이 아니라 조심스럽게 땅바닥에 놓아주는 것이었다. 아무리 사람을 해롭게 하는 해충이라고 하지만 살생을 하지 않으려는 생각 때문이었다.

이때 말총을 사러다니는 행상이 그 광경을 보게 되었다. 제주도의 말총을 가가 호호 돌아다니며 사 모아 가지고 육지로 내어다 파는 행상이었다.

'허어, 세상에 이를 잡아 방생하는 사람도 있군.'

행상은 홍달한의 이 잡는 모습이 하도 걸작이어서 웃음을 참을 수 없었지만 애써 웃음을 참았다. 그러다가 한 번 골려 주리라는 짓궂은 생각을 했다.

"여보시오. 그 많은 이들을 어느 세월에 하나하나 잡아 냅니까? 내게 한꺼번에 사라지게 할 좋은 방법이 있는데, 알려 드릴까요?"

행상의 말에 달한은 귀가 솔깃했다.

"방법이 있다면 알려 주십시오."

"갖옷을 시루에 넣어서 푹 찌면 이가 한꺼번에 사라지게 될 것입니다."

순박한 달한은 말총 행상이 자기를 골탕 먹이려고 그런 줄은 꿈에도 모르고, 그대로 했다. 그런데 털가죽으로 안을 댄 갖옷은 쭈글쭈글 변하여 영영 입지 못하게 되어 버렸다.

"하, 나쁜 사람이로군. 사람을 속여 가죽옷도 못 입게 만들고, 많은 살생을 하게 만들었어."

달한은 말총 행상에게 속은 것이 못내 분했다. 추운 날씨에 몸을 덜덜 떨면서 어머니의 구병을 해야하므로 그 행상의 소행을 좀처럼 용서할 수가 없었다.

"남에게 나쁜 짓을 하면 천벌을 받고 말지……."

달한이 이렇게 탄식을 할 때, 말총 행상은 육지로 나가려고 배를 놓았다. 그러나 갑자기 풍파가 일어 떠날 수가 없었다. 조금 바람이 잔잔해진 것 같아서 배를 놓으면 곧 풍파가 다시 일었다. 이러한 풍파는 석달 열흘 동안이나 계속되었다.

"믿을 수 없는 변괴로다. 내가 배를 놓기만 하면 풍파가 이는 것은 무슨 까닭이란 말인가!"

말총 행상은 하도 답답해서 점쟁이에게 가서 물어 보았다. 점쟁이는 점괘를 뽑더니 몹시 근심스런 목소리로 말했다.

"당신은 하늘의 노여움을 샀소. 천하 대효(天下大孝)의 마음을 아프게 만들었기 때문이오."

"내가 천하 대효의 마음을 아프게 만들었다구요? 천만의 말씀입니다."

말총 행상은 천부당 만부당하다면서 손을 휘휘 내둘렀다. 그러나 곰곰이 생각해 보니 이를 잡아 살려주고 있던 그 순박한 사람이 생각났다.

'혹시 그 사람을 골려 주었기 때문에…….'

말총 행상은 이렇게 생각하고 점쟁이에게 자초지종을 말했다. 점쟁이는 무릎을 치면서 소리쳤다.

"그렇소! 고성리의 홍달한이라는 사람이 세상에 보기 드문 효자요. 이 추운 겨울 어머니의 구병에 여념이 없는 그 사람을 조롱하여 가죽옷을 못입게 만들었으니 하늘인들 노하지 않겠소?"

그제야 말총 행상은 자신의 잘못을 깨우쳤다. 그 길로 좋은 갖옷 한 벌을 사가지고 홍달한을 찾아가 너부시 큰절을 하고 용서를 빌었다.

"제가 눈이 있어도 눈이 멀어 하늘이 내린 효자를 알아보지 못했습니다. 부디 노여움을 푸시고 한 번만 용서하여 주십시오."

마음이 어진 홍달한은 기꺼이 말총 행상을 용서해 주었다.

그렇게 한 후에야 순풍이 불어 말총 행상은 제주도를 떠날 수 있었다.

홍달한이 살아 있을 때 숙종(肅宗) 임금이 승하했다. 그러자 그는 한라산 기슭 '드랑쉬오름'에서 향불을 피우고 북향 사배를 하며 통곡했다. 그 향냄새가 서울 장안에까지 번져서, 제주 홍달한이 분향하는 향 냄새라는 것을 궁궐에서도 알았다 한다.

그후 나라에서 효자비를 내렸는데, 지금 성산읍 고성리에서 대왕산(大王山)으로 가는 길에 세워져 있다. 그래서 그 지명을 '효자문거리'라고 한다.

◀ 제4화 ▶

송충이를 삼킨 정조

조선조 제22대 정조는, 뒤주 속에 갇혀 비참하게 돌아가신 아버지 사도 세자가 묻힌 수원에 있는 융릉을 사흘이 멀다하고 참배했다. 그러지 않고서는 견디지 못할 만큼 효성이 지극하였다.

뿐만 아니라, 아버님의 영혼이나마 편안히 잠드시게 하기 위해서는 나무가 우거진 푸른 산이어야 한다고 생각했다. 그래서 능을 참배할 때마다 능 주위의 나무들이 자라는 데 대하여 큰 관심을 가지고 있었다.

나무가 한창 자라날 초여름의 어느 날이었다. 정조는 푸른 소나무의 잎이 거의 없어지고 있음을 보고 좌우 신하들에게 물었다. 신하들은 어쩔 줄 몰라하며 아뢰었다.

"황공하옵니다. 송충이라는 벌레가 솔잎을 갉아먹어 그리된 줄로 아뢰옵니다. 보살피지 못한 죄를 용서하여 주옵소서."

그 말을 들은 정조는 비통한 어조로 말했다.

"그것이 어찌하여 경들의 죄가 되겠소. 효성이 부족한 과인의 부덕 때문이지요. 그 송충이라는 벌레를 보고 싶소."

정조의 말이 끝나자 신하들은 곧 송충이를 잡아 백지에 받쳐서 왕께 올렸다. 정조는 송충이를 한참 동안이나 슬픈 눈으로 쳐다본 후에,

"아버님이 잠드신 수풀을 갉아먹느니 차라리 이 불효자의 창자를 갉아먹어라."

하고 말하며 송충이를 그대로 삼켜버렸다. 눈 깜짝할 사이에 그런 일이 일어났기 때문에 신하들도 어쩔 수 없었다.

그뒤 어디선가 숱한 새들이 날아와 송충이를 다 잡아먹어 송충이가 모두 없어졌다. 사람들은 정조의 거룩한 효성이 하늘에까지 닿았다고 입을 모았다.

◀ 제5화 ▶

효부의 결단
―孝婦의 決斷―

　　조선 왕조 말엽 고종(高宗) 때의 일이다. 충청도 홍주골에 김승직(金承直)이라는 장사꾼이 있었다. 일개 장사꾼에 지나지 않던 그가 어느 날 갑자기 정3품의 당상관인 승지(承旨)의 벼슬을 하게 되었다. 모두가 현명한 아내의 덕이었다.

　　그가 벼락 감투를 쓰게 된 사연은 이러하다.

　　김승직은 삼형제 중의 막내였다. 그의 아버지는 농사를 짓던 사람이었는데, 구두쇠 소리를 들으면서까지 알뜰살뜰히 살림을 꾸려 적잖은 재산을 모았다. 세월이 흘러 큰아들을 성혼시킨 김영감은 이제 편안한 여생을 보내고 싶었다.

　　그래서 아들과 며느리에게 주저없이 살림을 맡겼다. 그런데 아들 며느리는 부모에게 매우 소홀히 했다. 당연히 부모로서는 섭섭하기 그지없었다. 여러 가지 일들이 눈에 거슬리고 불편하기만 하여 마침내는 제몫의 재산을 주어 분가를 시켜 버렸다.

이번에는 둘째 아들을 성혼시켰다. 둘째와 며느리는 좀 낫겠지 생각하고 또 살림을 맡겼지만 큰아들 부부와 다름이 없었다.

낙심한 김영감은 둘째도 분가를 시켰다. 그런 다음 막내인 김승직을 성혼시켰다. 부모를 모시는 것이 제 형제들보다는 월등히 나았다. 며느리의 효심도 지극했다.

그럭저럭 세월이 몇 해가 지났다. 손자들도 생겼다. 이제는 손자들의 재롱을 즐기며 나날을 보냈다.

그러던 어느 날, 병도 앓지 않고 갑자기 할멈이 세상을 떠나고 말았다.

홀로 남은 김영감은 실로 짝 잃은 기러기 신세와 같았다. 허전하고 쓸쓸하기 그지없었다. 친구들을 찾아다니며 소일을 했지만 황혼기의 적적함을 전부 달랠 수는 없었다.

"여보게들, 우리가 세상을 살면 얼마나 살겠는가. 살아 있는 동안에 명승 고적을 찾아 유람이나 하는 것이 어떻겠나?"

어느 날 노인들이 모여 무료함을 달래고 있을 때, 한 노인이 이런 제의를 했다. 그러자 모두들 좋은 생각이라며 찬성을 했다. 김영감도 여기에 동의를 하고 앞으로 열흘 후에 떠나기로 약속했다.

"여비는 각자 삼십 냥씩 준비하도록 하세."

"그게 좋겠네."

이런 약속이 있고 나서 며칠이 훌쩍 지났다. 김영감은 깜빡 그 약속을 잊고 있었다. 그날 아침이 되어서야 그 약속이 생각나 자신의 이마를 쳤다.

"아차, 내 정신 좀 보게. 친구들과 약속한 날이 오늘이 아닌가!"

김영감은 곧바로 아들을 불렀다.

"내가 친구들과 유람을 가기로 약속했는데 오늘이 바로 그날이구나. 그러니 돈 삼십 냥만 줘야겠다."

"아니, 뭐라구요? 삼십 냥이 필요하시다구요?"

"그렇다."

김영감이 생각하기에 아들 승직이가 마땅히,

"네, 드려야지요. 여기 있습니다."

하고 선뜻 내줄 줄 알았다. 그런데 아들의 태도는 천만 뜻밖이었다.

"아버님도 참 딱하십니다. 지금 당장 삼십 냥이 어디에 있습니까? 그리고 유람을 떠났다가 잘못하면 큰일이니까 꼼짝 말고 집에 계십시오."

아들 승직이는 퉁명스럽게 그런 말을 하고서 횡하니 나가버렸다. 이런 상황이 되리라고는 생각지도 못한 김영감이었다. 난처하면서도 어이가 없었다. 곰곰이 아들의 행실을 생각해 보니 이만저만 서운한 것이 아니었다.

"허어, 참!"

기가막혀 말도 안 나왔다. 뻐끔뻐끔 담배만 피워대기 시작했다. 오늘 유람을 떠나기로 약속한 친구들의 형편은 모두 자기만 못했다. 그런데도 돈을 준비하여 자기를 기다리고 있을 것이었다.

금새 방안에는 담배 연기가 자욱했다. 불편한 심기를 억누를 길이 없어 연거푸 애꿎은 담배만 피우고 있는 김영감이었다. 이미 재산을 막내 승직이에게 물려준 후였다. 아들이 용돈을 주기 전에는 돈이 생길 턱이 없다.

한 시간 정도가 흘렀다. 친구들이 자기를 기다리고 있을 것을

184

생각하니 초조하고 답답하기가 이루 말할 수 없었다. 이때 문 밖에서 인기척이 나면서 누군가 방문을 두드렸다.

"거 누구요?"

"네, 아버님 저입니다."

막내 며느리였다.

"네가 웬 일이냐."

김영감은 심사가 편치 않아 퉁명스럽게 외쳤다.

"아버님께 전해 드릴 것이 있습니다."

"뭘 전한단 말이냐?"

목소리는 여전히 퉁명스러웠다. 그 말이 끝나자마자 며느리가 들어오더니 엽전 꾸러미를 한아름 내놓았다.

"아버님, 어서 서두르십시오. 친구분들이 기다리시겠습니다."

뜻밖의 상황에 김영감은 눈이 휘둥그레져서 며느리의 얼굴과 엽전 꾸러미를 번갈아 쳐다봤다. 엽전은 육십 냥이나 되었다.

"애, 아가! 이게 웬 돈이냐? 나는 삼십 냥만 있으면 된다."

"아닙니다, 아버님! 여인들도 주머니에 돈이 없으면 신이 안 나고 기운을 못쓰는데 남자들이야 오죽 하시겠습니까? 아무 말씀 마시고 다 가지고 가셔서 재미있게 구경하시고 돌아오십시오. 친구분들께 술과 고기도 사드리고 말입니다."

며느리는 한사코 그 돈을 김영감에게 안겨줬다.

"아가, 고맙다! 내 다녀오마."

김영감은 시간이 많이 지체되었기 때문에 서둘러 집을 나와 걸음을 재촉했다. 며느리가 그렇게 고마울 수가 없었다.

그리하여 노인들은 유람길을 떠났다. 경주 불국사, 합천 해인사, 속리산 법주사, 무등산 증심사, 구례 화엄사, 장성 백양사, 해남 대흥사를 비롯하여 설악산, 금강산을 두루 구경했다. 그러

는 동안 김영감은 친구들에게 술과 음식을 사는 등 온갖 인정을
베풀었다.

"김영감이 최고구먼그래!"

"자식과 며느리가 천하에 없는 효자 효부가 아닌가! 김영감
은 복있는 늙은이야!"

노인들은 저마다 김영감을 추켜세웠다. 그러는 것이 공치사일
망정 김영감의 기분은 한없이 우쭐해졌다. 모두가 며느리의 덕
이었다.

김영감은 달포에 걸쳐 유람을 끝내고 집으로 돌아왔다. 밤이
되어 자리에 누워 생각하니 참으로 즐겁기 그지없는 여행이
었다.

다음날 아침, 오랜만에 온 식구가 모여 상을 받았다. 김영감
은 흐뭇한 마음으로 아침을 들고 있었다. 그런데 며느리가 불쑥
남편을 향하여 입을 열었다.

"당신 오늘 바쁘세요?"

"왜? 별로 바쁜 일은 없을 것 같은데……."

"그렇다면 잘 됐어요. 제가 오시(午時)에 당신의 가게로 나가
겠으니 관아에 가서 이혼 수속을 해주세요."

며느리의 난데없는 그 말에 김영감은 깜짝 놀랐다. 김영감
보다도 더 놀란 사람은 승직이었다. 승직은 어이가 없다는 표정
으로 아내를 바라보며 입을 열었다.

"여보, 지금 제정신으로 하는 말이오? 진심으로 그런 말을
하는 게요?"

"그럼, 진심이지 내가 뭣 땜에 헛소리를 한단 말입니까?"

아내의 목소리는 냉랭하고도 분명했다.

"아니, 여보! 난데없이 무슨 뚱딴지 같은 소리를 하는 거요.

우리가 뭐가 부족해서 이혼을 한단 말이요! 재산이 없소, 자식이 없소, 내외간의 정이 없소! 남부러울 것이 하나도 없는 우리가 아니난 말이요. 그런데 이혼을 하겠다니, 농담이라도 지나치오."

"당신 지금 농담으로 들으셨어요?"

"농담이 아니라면 진담이란 말이요?"

"네, 분명히 말씀드리지만 농담이 아닙니다."

아들 내외간에 오가는 소리를 곁에서 듣고 있는 김영감은 어안이 벙벙했다. 며느리의 표정으로 보아서 뭔가 단단히 결심하고 꺼낸 말인 것 같았다.

'혹……, 내가 유람을 가서 돈을 다 썼기 때문에 저러는 것이 아닐까?'

김영감은 내심 그런 생각을 하며 마음이 불안해졌다. 그래서 고개를 푹 숙이고 밥순갈만 만지작거렸다.

"당신과 이혼하려는 이유를 내 말할 테니 들어보세요."

며느리의 말이 이어지기 시작했다.

"일전에 아버님께서 놀이가실 돈 삼십 냥을 말씀하실 때 당신은 분명히 없다고 했어요. 그런데 그날 당신은 저에게 육십 냥을 줄 돈이 주머니 속에 있었어요."

김영감은 슬금슬금 아들과 며느리의 눈치를 살피며 그 이야기에 귀를 기울였다.

김영감이 나들이 경비 삼십 냥을 말했을 때 아들 김승직은 분명히 없다고 말하고 나서 횅하니 나가버렸었다. 김승직이 집을 나간지 얼마 후 아내는 재빨리 그 뒤를 따라갔다.

"여보, 여보! 저 좀 보세요!"

아내의 음성에 김승직은 걸음을 멈추고 뒤를 돌아다보았다.

"당신이 웬 일이요! 숨을 헐떡이면서 여기까지 다 오게……."

"시, 실은 당신께 꼭 드릴 말씀이 있었는데 깜빡 잊었어요. 그래서 부지런히 달려온 거예요."

"무슨 일이요? 급한 일이라도 생긴 거요?"

"실은……, 한 달 전에 새로 나왔다는 화장품을 방물장수에게 샀습니다. 그 외상값을 오늘 받으러 온다고 했습니다."

"외상값이 얼마요?"

"삼십 냥입니다."

"아까 말했으면 여기까지 달려오지 않았어도 됐을 것을 공연히 수고를 했구려!"

김승직은 선뜻 삼십 냥을 내줬다. 그 돈을 받아든 아내는 또 겸연쩍은 표정을 지으며 입을 열었다.

"오늘 또 화장품과 노리개 등을 가져오기로 했는데……."

"아, 그렇소! 얼마나 더 필요하오?"

"삼십 냥 정도면 됩니다."

"다음부터는 미리 말을 하시오."

김승직은 싫은 표정은 조금도 짓지 않고 삼십 냥을 더 줬다. 그러자 그 돈을 받아 집으로 돌아와 시아버지께 몽땅 드렸던 것이다.

그제서야 김영감은 육십 냥이라는 큰돈이 자기의 수중에 들어오게 된 내력을 알게 되었다. 아들의 처사가 너무도 괘씸했다. 반면에 며느리는 그토록 고마울 수가 없었다. 눈시울이 뜨거워지고 콧등이 시큰해졌다.

"그래서 이혼을 결심한 것입니다."

며느리는 단호하게 말끝을 맺었다. 그 말을 듣고 난 김승직은 아버지를 한 번 슬그머니 돌아다보았다. 아버지와 시선이 마주치자 면목이 없어 황급히 시선을 피했다.

"생각해 보니 그것은 내가 잘못했던 것 같소. 잘못은 고치면 되는 것이 아니겠소? 우리는 자식들이 있고 재산도 넉넉하오. 이혼할 이유가 없는 것이오."

"이혼할 이유가 없다고요?"

"그렇소!"

"아닙니다. 우리는 이혼할 이유가 분명히 있습니다. 돈이라는 것은 있어도 살고 없어도 삽니다. 중요한 것은 마음입니다. 마음이 편안해야 행복도 느끼는 법입니다. 그런데 당신은 마음 쓰는 것이 틀렸습니다."

며느리는 '마음 쓰는 것이 틀렸다'는 말을 강조했다. 며느리의 말은 계속 이어졌다.

"당신을 낳아서 기르시고 또 많은 재산까지 물려주신 고마운 분이 아버님이 아닙니까? 머리를 뽑아 신발을 삼아 드려도 못다 갚을 부모님의 은혜를 당신은 돈 삼십 냥 때문에 저버렸습니다. 불효도 이만저만한 불효가 아닙니다. 그토록 불효 막심한 당신의 마음씨를 저 자식들도 똑 닮았을 것입니다."

아내는 자식들을 돌아다보며 준엄하게 꾸짖은 후에 다시 말을 이었다.

"그래서 나도 늙어지면 자식들이 불효를 할 것이 분명합니다. 당신을 닮은 불효자들에게 늙어서 불효를 받느니보다 일찌감치 생각을 고쳐 먹어야겠습니다."

말투와 표정으로 보아서 며느리의 마음은 이미 굳어진 것 같았다. 묵묵히 아내의 말을 들은 김승직은 양심의 가책을 받아

얼굴이 뜨거워졌다. 그러나 애써 태연한 표정을 가장하여,

"쓸데없는 소리는 그만 하시오!"

하고 자리를 피하려고 했다.

"그렇다면 이혼을 못해주겠다는 말입니까?"

아내의 차갑기 그지없는 이 말에 방문을 나서려는 김승직은 발걸음을 멈추고 고개를 돌려 단호하게 소리쳤다.

"그렇소! 나는 이혼을 못하겠소."

"좋습니다. 당신이 이혼을 거부하더라도 이미 이 몸은 이 순간부터 당신의 처가 아니라는 사실을 알아주십시오. 당신같은 불효자하고 사느니 차라리 굶어 죽겠습니다. 그러니 다른 여자를 데려다가 살림을 시키십시오."

아내의 이 말에 김승직은 마음이 한없이 언짢았다. 그러나 설마 아내가 굶어 죽기야 하겠는가 생각하고 가게로 나갔다.

저녁에 돌아와 보니 아내는 꼼짝 않고 누워 있었다. 김승직이 말을 걸었지만 벙어리 모양 일언반구 대답을 하지 않았다.

"아무리 화가 났기로서니 밥도 짓지 않는 것은 너무 하지 않소! 아버님과 자식들의 밥은 해야할 게 아니오!"

"……."

아내는 눈을 딱 감고서 이를 앙당 물고만 있었다. 남편의 얼굴도 보려하지 않았다. 김승직은 하는 수 없이 이웃집 부인에게 부탁하여 저녁밥을 짓게 했다.

'제까짓 것이 버티면 얼마나 버티겠는가!'

김승직도 처음 하루 이틀은 그런 마음으로 아내를 내버려두었다. 그런데 닷새가 지나도록 태도가 불변하자 슬그머니 걱정이 되었다. 우선 집안 꼴이 말이 아니었다. 그보다도 더한 것은 아내의 모습이 다 죽어가는 것이었다. 피골이 상접하여 이제 더

이상 내버려 두면 꼭 죽을 것만 같았다.

　김승직은 몸이 바싹 달았다. 그래서 하는 수 없이 두 형수에게 도움을 청했다.

　"형수님들, 제 처를 잘 타일러서 부디 마음을 돌리도록 해주십시오."

　"염려 마십시오, 서방님, 저희들이 동서(同壻)의 마음을 돌리도록 하겠습니다."

　김승직의 부탁을 받은 두 동서는 급히 작은집으로 왔다. 막내동서가 누워 있는 방으로 들어가 보니 김승직의 말 그대로 막내동서의 꼴은 말이 아니었다. 거의 다 죽어가고 있었다.

　"여보게 동서, 대체 이게 무슨 꼴인가? 그만 고집을 버리고 어서 일어나서 뭘 좀 먹고 기운을 차리도록 하게."

　"그래, 형님의 말씀에 따르게. 자네가 무엇이 아쉽고 부족하여 이러는 것인가!"

　두 동서가 꾸짖는 듯한 어조로 간곡히 타일렀다. 그러자 막내동서는 퀭한 눈을 뜨며 입을 열었다.

　"형님들 앞에 누워 있어서 죄송합니다. 제가 일어나고 싶어도 기운이 없어서 못 일어나겠습니다."

　"안 일어나도 좋으니 어서 마음이나 고쳐 먹게."

　"마음을 고쳐 먹으라구요?"

　"그렇네."

　"그것만은 안됩니다. 이혼해 주지 않으면 이대로 죽는 수밖에 없습니다. 형님들도 생각해 보십시오. 사람이면 누구나 부모님없이 태어날 수 없습니다. 부모님은 자식을 낳아 주시고 온갖 정성을 다 쏟아 사랑으로 길러주셨습니다. 그런데도 그 은혜를 모른다면 어찌 사람이라 할 수가 있겠습니까?"

막내 동서의 경우가 바른 말에 두 동서는 얼굴이 뜨거워 견딜 수가 없었다. 자신들도 부모님께 불효를 저질렀기 때문에 입이 하마만큼 크다 하더라도 더 할 말이 없었다. 막내 동서의 말은 계속 이어졌다.

"무릇 사람이라면 현재와 나만 생각해서는 안됩니다. 이 말은 앞으로의 일도 생각해야 한다는 말입니다. 아비가 불효 막심한데 그 자식들인들 그러지 말라는 보장이 어디 있겠습니까? '콩 심은 데 콩 나고 팥 심은 데 팥 난다'라는 속담이 하나도 그릇된 말이 아닙니다. 형님들이나 나나 늙어서 자식들의 불효를 받으며 살아갈 것이 불을 보듯합니다. 그러니 일찌감치 팔자를 고치든가 아니면 죽어버리는 것이 차라리 마음 편한 일일 것입니다. 형님들도 잘 생각하여 처신을 하십시오."

두 동서는 혹을 떼러 왔다가 도리어 붙이게 된 셈이었다. 따지고 보면 막내 동서에게 무섭게 질책을 당한 것이었다. 그래서 도망을 치듯이 집으로 돌아가고 말았다.

이런 일이 있고 나서, 또 사흘이 훌쩍 지났다. 부인은 벌써 일주일이 넘도록 물 한 모금 마시지 않고 있는 것이었다. 이제 의식조차 가리지 못할 지경이었다.

김승직은 안절부절못하고 어찌할 바를 몰랐다. 자신의 불효를 뼈저리도록 느끼며 후회를 하고 또 했다. 그러나 부인은 요지부동이었다.

그래서 하는 수 없이 두 형님 내외와 가족 회의를 열어 대책을 논의했다.

"우리 모두의 잘못이 큽니다. 용서를 빌고 무조건 제수씨의 뜻에 따른다는 약조를 합시다."

큰형님이 결론을 내렸다. 모두들 그 말에 찬성했다. 그리하여 두 형님 내외와 김승직은 가족 회의에서 결의한 내용을 부인에게 말했다.

그 말을 전해 들은 부인은 마침내 자리에서 몸을 일으켜 앉았다.

"아주버니와 형님들께 잠시나마 심려를 끼쳐 드려서 죄송합니다. 가족 회의 결과가 그렇다면 제가 두 가지 조건을 제의하겠습니다."

"어서 말씀하십시오."

큰형이 말했다. 모두들 부인의 입에 시선을 집중했다.

"한 가지는 아버님을 모시는 방법입니다. 자식은 다 같은 자식이니 큰자식이 평생 모시라는 법은 없습니다. 그러니 우리 모두의 집에서 한 달씩 순번제로 모시는 것입니다."

"참으로 좋으신 생각입니다. 다음은 무엇입니까?"

"네, 말씀드리겠습니다. 아버님께서는 지금 어머님을 먼저 저세상으로 보내시고 퍽이나 적적하실 것입니다. 옛말에도 효자효부가 악처만 못하다 했습니다. 그러니 새어머니 한 분을 모시는 것이 좋겠습니다."

부인의 이 말에 모두들 고개를 끄덕이며 수긍을 했다. 이때 큰동서가,

"자네의 생각은 참으로 좋네. 그런데 어디 마땅한 분이 있어야지……."

하고 조심스레 말하자 부인은 빙그레 웃었다.

"그것은 염려하지 마십시오. 제가 좋은 분을 모셔올 수 있습니다. 바로 건너 마을에 사는 박씨 할머니입니다. 어떻습니까?"

"오라, 박씨 할머니라면 얼굴도 고운데다가 심성이 무던히도

좋으신 분이 아닌가? 그런 분이라면 백 번이라도 좋겠네만……
……."

둘째 동서가 반색을 하며 말하다가 말끝을 흐렸다. 말줄임표
속의 말은 혹시 박씨 할머니가 거절하면 어쩌나 하는 뜻이 내포
되어 있었다.

그런 뜻을 알아차린 부인은 다시 한 번 만면에 미소를 띠며,

"제가 벌써 박씨 할머니의 의중을 알아봤습니다. 우리만 좋다
면 내일이라도 잔치를 치룰 수가 있습니다."

"어머, 어쩌면 거기까지……."

모두들 놀랐다. 남편인 김승직조차도 그런 사실을 전혀 모르
고 있던 터였다.

이리하여 며칠 후에 일가 친척과 동네 사람들을 초청하여 성
대한 잔치를 치뤘다.

늘 우울했던 김영감의 얼굴에는 활기가 넘쳐 흘렀고, 웃음이
떠나질 않았다.

그로부터 삼형제는 약속대로 부모님을 돌아가며 지극 정성으
로 모셨다. 이러한 사실이 온 홍주골에 퍼졌다. 삼형제와 며느
리는 천하에 없는 효자 효부로 칭송이 자자했다.

마침내 이 소문이 임금님의 귀에까지 들어가게 되었다. 고종
황제는 이 소문을 들으시고 김승직 내외를 대궐로 불러들였다.

"그대가 충청도 홍주골에 사는 김승직인가?"

"그러하옵니다."

"과인이 듣자니 너희 부부는 천하에 둘도 없는 효자 효부라
지?"

"황공 무지로소이다. 저희들은 다만 자식의 도리를 행했을 뿐
이옵니다."

"허허허……. 과연 기특하고 장한 일이도다 . 그대들의 효성이 만백성의 모범이 되었으니 과인이 후한 상을 내리겠노라 ! "

고종 황제는 김승직에게 승지의 벼슬을 내렸다. 그리고 그의 아내에게는 금은 보화와 함께 효부문(孝婦門)을 세우도록 분부하셨다.

◀ 제6화 ▶

돌로 만든 종

신라 제42대 흥덕왕 때의 일이다.

서라벌 근처의 조그만 마을에 손순(孫順)이라는 가난한 농부가 살고 있었다. 그에게는 늙은 어머니가 계셨고, 아내와 어린 아들을 하나 두었다. 손순은 얼마 되지 않은 농사를 짓는 한편 쉬지 않고 남의 집에 품을 팔았지만, 근근이 생계를 이어갈 정도였다.

그 어려운 살림을 꾸려가면서도 늙으신 어머니를 봉양하는 마음은 누구보다 극진했다. 남편의 효성이 지극하니 그의 아내 역시 남편을 본받아 어머니 봉양에 정성을 다했다.

아무리 열심히 일하여도 늘 양식이 부족했다. 그렇지만 어머니의 밥상은 따로 차려 매일 색다른 반찬과 하얀 쌀밥을 해 드렸다. 대신 그들 부부와 어린 아들은 보리죽으로 연명해 나가야만 했다.

"엄마, 난 왜 쌀밥 안 줘? 왜 할머니만 쌀밥에 맛있는 반찬을 먹는 거야?"

철없는 어린 아들의 투정이 없을리 만무했다. 끼니때마다 이런 투정이 계속되었고, 그때마다 할머니는 손자를 자기의 밥상으로 오게 하여 함께 밥을 먹었다.

"이야, 맛있다! 쌀밥도 맛있고 고깃국도 맛있고…….."

손자는 할머니의 밥상머리에 앉아서 맛있는 것은 모조리 먹어 치우는 것이었다. 이러다 보니 정작 할머니가 먹는 것은 손자 몫의 보리죽이 될 수밖에 없었다.

"애야, 체할라, 천천히 꼭꼭 씹어 먹어라."

할머니는 귀여운 손자가 먹는 모습을 보며 흐뭇한 표정을 지었지만, 손순 부부의 마음은 그렇지가 못했다. 어머니에게는 한없이 송구스러웠고, 철부지 아들이 무척 야속하고 얄미웠다.

손순 부부는 어린 아들이 할머니의 음식을 빼앗아 먹지 않게 하려고 여러 가지 방법을 써보았다. 꾸짖기도 하고 회초리로 종아리를 치기도 했다. 그렇지만 아들의 버릇은 여전히 고쳐지지 않았다.

손순은 어머니가 식사를 할 때 아들을 데리고 밖으로 나가기로 했다. 그러자 어머니가 몹시 노하여 손순을 꾸짖었다.

"무슨 짓을 하느냐. 이 늙은이 먹자고 손자를 굶긴단 말이냐. 차라리 나도 굶겠다."

어머니가 그러니 손순 부부의 입장은 더욱 난처했다. 이럴 수도 없고 저럴 수도 없었다.

어머니에게 음식을 드시게 하려면 더욱 열심히 일하여 많은 음식을 장만하는 도리밖에 없었다. 손순의 아내까지 남의 집에 품을 팔고, 밤에는 잠을 설치며 바느질과 길쌈을 했다.

그러던 어느 해, 큰 흉년이 들었다. 많은 사람들이 굶어 죽을 정도의 무서운 흉년이었기 때문에 식량을 구하기가 몹시 힘들었다.

손순 부부는 자신들이 굶는 한이 있어도 어머니의 밥상만큼은 소홀히 하지 않으려 애썼다. 그렇지만 아무래도 양이 줄어들지 않을 수 없었다. 게다가 어린 아들이 제법 커서 밥도 더 많이 먹었다. 제몫을 재빨리 먹어치운 다음 할머니의 밥그릇으로 달려드는 것이었다.

그러니 손순 부부의 마음은 어머니께 죄스럽고 민망할 따름이었다.

"여보, 저 아이를 그냥 두었다가는 어머니가 굶주려 병이 나실 것만 같소."

"그래요, 점점 더 기운이 없어 보이시니 큰일입니다."

"아무래도 무슨 수를 써야지 이대로는 안되겠소."

손순은 몇날 며칠을 생각한 끝에 무섭고도 슬픈 결심을 하고 아내를 밖으로 불러냈다.

"여보……."

아내를 부르는 손순의 표정은 무척이나 어두웠고 무거운 목소리는 떨리고 있었다.

"아이를 깊은 산 속에 내다 버립시다."

청천 벽력과도 같은 소리였다. 그 소리를 들은 아내의 얼굴에서 핏기가 싹 가셨다.

손순은 자신도 모르게 주루룩 눈물을 흘리며 아내의 손을 꼭 잡았다.

"여보, 우리가 아직 젊으니 아이는 또 가질 수도 있지 않소?

그러나 어머님은 한 번 돌아가시면 영영 다시 모실 수가 없소. 사람으로서는 못 할 짓이지만, 어머님을 위하여 아이를 버립시다."

손순의 아내는 고개를 푹 떨구었다. 가슴이 천갈래 만갈래 찢어지는 것 같고, 목이 메어 아무 말도 할 수 없었다. 하염없이 흐르는 눈물이 뚝뚝 떨어져 버선코를 흥건히 적셨다.

"짐승도 제 자식을 아끼는 법인데 나라고 자식 귀한 걸 모르겠소? 하지만…….."

손순은 차마 더 이상의 말을 못하고 애꿎은 하늘을 올려다 보았다. 하늘에는 별이 초롱초롱 빛나고 있었다.

한참을 소리없이 흐느껴 울던 손순의 아내가 말없이 집안으로 들어갔다. 잠시 후 그녀는 곤히 잠들어 있는 아이를 등에 업고 나왔다.

"고맙소, 정말 고맙소."

손순은 울먹이는 목소리로 고맙다는 말만 되풀이 했다.

달빛을 받으며 깊은 산속으로 들어가는 손순 부부의 마음은 이루 말로 형용할 수 없을 정도로 괴로웠다. 영문도 모른 채 부모의 손에 의하여 죽어야 하는 아이가 불쌍하고 가련하여 눈물이 앞을 가렸다.

떨어지지 않는 발길을 옮겨 깊숙한 산 속으로 들어온 손순은 괭이로 구덩이를 파기 시작했다. 구덩이를 파서 아이를 묻어버릴 작정인 것이다.

"천지 신명이시여, 아들을 죽이는 이 비정한 죄인에게 큰 벌을 내려 주십시오. 부디 큰 벌을 내려 주십시오."

손순은 이렇게 중얼거리며 정신없이 구덩이를 파 내려갔다.

얼마나 팠을까! 괭이 끝이 무엇엔가 부딪혀 소리가 났는데,

자식의 배은 망덕은 살무사의 예리한 이빨보다 나쁘다

셰익스피어

여간 신비스런 울림이 아니었다.

"뭘까? 뭔데 저런 소리가 날까?"

손순은 조심스럽게 손으로 구덩이 속을 파헤쳐 보았다. 그러자 거기에는 돌로 만들 종이 하나 있었다.

"여보, 이것 좀 보구료!"

손순은 돌 종을 파내어 들고 아내를 불렀다. 아내는 남편이 구덩이를 파는 모습을 보지 않으려고 눈을 꼭 감고 있다가 그 소리에 비로소 눈을 떴다.

"그건 종이 아닙니까? 그런데 그 종이 왜 그 자리에 묻혀 있었을까요?"

"글쎄……?"

손순은 고개를 갸우뚱거리며 괭이자루로 종을 툭 쳤다. 그러자 아주 맑고 고운 소리가 울려 퍼졌다.

"아아, 종소리가 참으로 맑고 곱군요! 분명 예사로운 종은 아닌 것 같아요. 혹시 우리 아이를 묻지 말라는 뜻이 아닐까요?"

아내의 이 말에 손순은 새근새근 잠들어 있는 아이의 얼굴을 유심히 바라보았다. 달빛에 비치는 아이의 얼굴은 한없이 평화로운 모습을 하고 있었다.

손순은 아이의 이마를 쓰다듬으며 나직한 목소리로 입을 열었다.

"아마 하늘이 이 아이를 버리지 말라고 귀한 종을 우리에게 주신 모양이오."

"그래요, 여보! 아무리 부모를 위한다 해도 자식을 버리는 일은 사람으로서 못할 짓입니다. 지금보다 더 부지런히 일한다 면 굶어 죽지는 않겠지요."

"당신 말이 맞소."

이리하여 그들 부부는 아이와 종을 안고 다시 집으로 돌아 왔다.

집에 돌아온 손순은 자기 집 추녀 끝에 그 종을 매달아 놓 았다.

신비스럽게도 그 돌 종은 바람만 불어도 맑고 고운 소리를 냈 고, 은은한 그 소리는 멀리멀리 퍼져서 온 서라벌 사람들이 듣 게 되었다.

다음날 새벽, 흥덕왕은 은은히 들려 오는 종소리에 잠에서 깨 었다.

"대체 어디서 들려오는 종소리일까? 참으로 신비로운 소리를 내는구나!

왕은 곧 신하를 불러 종소리가 어디서 나는지 알아 오도록 하 였다.

이윽고 종소리의 진상이 왕에게 보고되었다. 손순의 사정 이 야기를 들은 흥덕왕은 크게 감탄하였다.

"그의 효성이 지극해서 하늘이 감동하셨도다. 진 나라의 곽거[*] 가 이 나라에 다시 태어난 것이리라."

---

*곽거(郭巨): 중국 후한(後漢)시대의 24효 중의 한 사람. 극진한 효자로 집이 가난하 여 늙은 어머니가 식사를 줄이는 것을 보고 자식을 묻고자 땅을 파다가 황금 솥을 얻 었다고 함.

　흥덕왕은 입이 마르도록 손순의 효행을 칭찬하고 후하게 상을 내렸다. 효자비와 함께 고래등 같은 기와집을 하사했으며, 평생 양식걱정을 하지 않도록 해마다 많은 곡식을 내려 준 것이다.

　그후 손순은 자기 집을 절로 삼아 '홍효사(弘孝寺)'라 이름짓고 그곳에 돌 종을 매달아 두었다. 그리하여 많은 사람들이 홍효사의 종소리를 듣고 효를 깨우쳤다고 한다.

　손순의 효자비는 월성군 현곡면 소현리에 서 있다.

스님은 춤추고 상제는 노래하며 노인은 울고 있다

춘추 시대 초 나라에 살았던 노래자(老萊子)는 중국 24효자 중의 한 사람이다. 그는 나이가 70세에 이르렀을 때도, 부모를 즐겁게 해 드리려고, 일부러 색동저고리를 지어 입고 부모 앞에서 노래를 부르고 춤을 추면서 재롱을 피웠다고 한다.

'반의지희(斑衣之戲)'란 고사는 노래자의 그와 같은 행동에서 비롯된 말이다. 곧 늙은 부모를 위로하려고 색동저고리를 입고 어린아이처럼 재롱을 피웠다는 뜻이다.

그 뜻을 살펴보면 참으로 깊은 효심의 발로라고 아니 할 수 없다. 자식이 색동옷을 입고 어린애 짓을 한다면, 그것을 구경하는 부모의 마음은 틀림없이 젊은 시절로 돌아가 자식 키울 때의 즐거움을 느끼게 될 것이다. 그런 계산에서 노래자는 색동옷을 입고 재롱을 피웠을 것이다.

부모를 즐겁게 해드리려고 장성한 자녀가 춤추고 노래한 사례는 문헌상에 많이 나타난다. 다음의 이야기는 그 중의 하나이다.

조선 제19대 숙종 때의 일이다.

숙종은 가끔 평민의 옷차림을 하고 백성들의 사는 모습을 살피러 다녔다. 이것을 '미복 잠행(微服潛行)'이라 한다.

어느 날 깊은 밤, 숙종은 가난한 선비처럼 남루한 차림을 하고 아무도 모르게 궁궐을 빠져나왔다.

발길이 닿는데로 이곳 저곳을 기웃거리며 백성들의 사는 모습을 살피다가 어느 골목으로 접어들었다.

가난한 사람들이 옹기종기 모여 사는 그런 골목이었다.

"만백성이 잘 사는 나라로 만들어야 할 텐데……."

숙종은 백성들의 곤궁한 살림살이를 보고 마음이 우울했다. 그래서 걸음을 약간 빨리하여 그 골목을 빠져나오려고 하는데 이상한 소리가 들렸다.

'이게 무슨 소리인가!'

숙종은 걸음을 멈추고 그 소리에 귀를 기울였다. 노랫소리가 들리는 가운데 노인의 흐느낌소리가 섞여 있었기 때문에 이상한 느낌이 들었다.

숙종은 그 소리가 들리는 집으로 급히 걸음을 옮겼다. 사립문도 없이 다 쓰러져가는 오막살이 집에서 들려 오는 소리였다. 발소리를 죽이고 방문 앞으로 가까이 다가간 숙종은 문틈으로 안을 들여다보았다.

방 안에서는 참으로 기묘한 광경이 펼쳐지고 있었다. 아랫목에서 노인이 술상을 앞에 놓고 흐느끼고 있고, 윗목에는 젊은 상제 한 사람이 노래를 부르고 있었다. 그뿐이 아니었다. 흐느끼는 노인과 노래하는 상제 사이에 머리를 깎은 젊은 여자가 노래에 맞추어 덩실덩실 춤을 추고 있는 것이었다.

'세상에 저렇게 해괴한 일이 있나! 무슨 사연이 있는 것이 틀림없으리라!'

부쩍 호기심이 동한 숙종은 큰기침을 하고나서 주인을 불렀다.

"지나다가 노인장의 울음소리와 노랫소리를 듣고 궁금해서 들렸소. 그 까닭을 말해 줄 수 없겠소?"

노인은 숙종을 방 안으로 들게한 후에 나직한 소리로 입을 열었다.

"나는 몇 해 전에 홀로된 홀아비입니다. 노래를 부르는 상제는 제 자식이고, 춤을 추는 저 머리 깎은 여자는 제 며느리입니다."

이 말을 들은 숙종은 더욱 호기심이 동하였다.

"그런데……, 그런데 왜 이러고 있는 것입니까?"

숙종의 재촉에 노인은 손등으로 눈물을 찍어내며 그 사연을 말했다.

"마침 오늘이 이 늙은이의 생일입니다. 손님께서도 보시다시피 우리의 살림이 구차하여 생일상을 차릴 형편이 못 됩니다. 그런데 며느리가 나 몰래 머리를 잘라서 팔아 고기와 술을 사다가 생일상을 차렸습니다. 그리고 이 늙은 아비를 즐겁게 해 주려고 저렇게 노래하며 춤까지 추고 있는 것이지요."

숙종은 크게 감동하여 아들과 며느리의 모습을 유심히 살폈다. 순박한 얼굴에서 지극한 효심을 느낄 수 있었다.

"노인장께서는 정말 효성이 지극한 아드님과 며느님을 두셨군

요. 그러니 노인장께서 울고 있는 이유는 너무 행복하기 때문이
로군요?"

임금의 이 말에 노인은 고개를 절레절레 저었다.

"아닙니다. 이 늙은이가 조금이라도 재산을 모았더라면 며느
리가 저렇게 머리를 자르지는 않았을 것입니다. 그것이 슬퍼서
눈물을 참을 수가 없었던 것이다."

"말씀을 듣고 보니 노인장의 마음도 이해가 되는군요. 하지만
가난한 가운데서의 효자 효부는 더욱 돋보이는 것이 아니겠습니
까? 참으로 보기 드문 효자 효부입니다."

숙종은 밤이 늦도록 노인과 여러 가지 이야기를 나누었다. 그
아들이 글을 배웠지만 워낙 가난하다 보니 과거에 응시할 생각
조차 못하고 있다는 사실을 알았다.

"젊은이, 그렇다고 과거를 포기해서야 되겠소. 마침 며칠 후
에 과거가 있으니 젊은이도 한 번 나가서 치루시오."

숙종은 젊은이에게 꼭 과거를 치루라고 신신 당부하고 그 집
을 나왔다. 그리고 신하를 시켜 쌀 한 섬과 엽전 백 냥을 그 효
자의 집으로 보냈다.

과연 며칠 후 알성 과거를 본다는 방이 붙었다. 알성 과거란
임금이 직접 사당에 참배하고 나서 치루는 과거를 말한다.

급작스럽게 과거를 시행한다는 방이 붙자 전국 각지에서 내로
라하는 선비들이 부랴부랴 서둘러 과거에 응시했다. 임금께서
특별히 사신을 그 효자에게 보내 과거에 응시하도록 했기 때문
에 젊은이도 과장(科場)에 나가게 되었다.

젊은이는 과거의 제목을 보고 깜짝 놀랐다. 자신의 눈을 의심
하며 몇 번이고 제목을 읽어 보았지만, 믿을 수 없는 제목이
었다.

'세상에 이럴 수가! 며칠 전 우리집에 왔던 사람은 과연 누구란 말인가?'

과거의 제목은 며칠 전 낯선 손님이 왔을 때 자기의 집에서 벌어졌던 광경을 그대로 표현하고 있는 것이었다.

〈스님은 춤추고 상제는 노래하고 노인은 울고 있다.〉

효자는 자기 집에서 있었던 일이 과거의 제목으로 나왔으니 쉽게 시문을 지을 수 있었다.

"대체 무슨 뜻이지?"

"글쎄, 정말 알 수 없는 제목이야. 뜻을 알아야 시문을 짓든지 말든지 할 것이 아닌가!"

다른 선비들은 이 제목의 뜻을 알 수가 없어 변변한 시문을 지을 수가 없었다.

그럴 수밖에 없었다. 숙종은 젊은이의 효성에 감동하여 일부러 알성 과거를 시행한 것이다.

숙종의 계획대로 젊은이는 장원 급제를 하여 벼슬을 살게 되었고, 아버지께 마음껏 효성을 다할 수가 있었다.

◀ 제8화 ▶

포대기 효자

예로부터 우리 나라에는 효자·효녀·효부가 많았다. 문헌상으로 나타난 효자 효녀만도 이루 헤아릴 수 없을 정도이며, 그런 효심은 아름답고 감동적인 효 이야기를 파생시켰다.

눈먼 아버지의 눈을 뜨게 하려고 꽃다운 자신의 몸을 판 《심청전》은 대표적인 효 이야기이다. 또한 호랑이 및 귀신 등을 감동시킨 재미있는 전래 동화가 있고, 효와 관련되어 붙여진 지명도 많다. '효자리', '효곡리' 등이 그 지명이다.

미국에 유학하여 자신의 힘으로 학비를 벌면서 공부하는 한 젊은이가 있었다. 그는 양로원 등지를 다니며 노인들에게 이야기를 해주는 것을 아르바이트로 삼아 학비를 보탰다.

처음에 그는 책에서 읽거나 누군가에게서 들은 온갖 감동적인 이야기를 열심히 들려 주었다. 그러나 푸른 눈과 금발머리를 가진 미국의 노인들은 시큰둥한 반응을 보였다. 세상 경험이 많은 노인들이기에 그런 이야기를 대부분이 알고 있었고, 알고 있기 때문에 흥미가 반감되었던 것이다.

어떤 이야기를 해야 노인들의 마음을 사로잡을까 하고 유학생은 고심했다.

'그래, 내가 한국인이니까 가장 한국적인 이야기를 한 번 들려줘보자.'

이렇게 생각한 유학생은 우리의 전래 동화 및 고전을 이야기했다. 뜻밖에도 노인들의 반응은 놀라웠다. 그가 상상도 못했던 흥미와 관심을 보인 것이었다.

특히 《심청전》은 노인들의 심금을 울렸다. 심청의 갸륵한 효성에 눈물을 흘리는 노인들이 많았다.

"그렇게 좋은 나라에서 무엇을 배우려고 여기까지 왔느냐."

"한국이란 나라에서는 정말 자식들이 그렇게 늙은 부모를 잘 모시느냐?"

유학생이 그렇다고 대답하면 노인들은 한없이 부러워한다는 것이다.

그 유학생은 외국인들이 그렇게 부러워하는 우리의 전통을 정작 우리 자신들은 잃어가고 있다는 사실이 안타깝다고 했다.

지극한 효성과 깍듯한 예의를 생활의 근본이자 목표로 삼았던 우리의 전통을 세계 어느 나라에 내놓더라도 자랑스러운 것이다. '작은 것이 아름답다'는 철학을 키워야 하는 우리로서는 '큰 것이 위대하다'는 미국 및 서구의 정신을 온전히 수용할 수는 없다.

가장 한국적인 것, 한국인의 정신으로 세계 무대에서 경쟁하는 것이 현재와 미래에서 최상의 부가 가치를 높게 된다는 사실을 깊이 깨달아야 한다.

하늘의 별만큼이나 많았던 효자들 중에서도 향덕(向德)과 이이 (李珥)의 효성은 손꼽힌다.

율곡의 나이 다섯 살 때에 어머니 사임당 신씨가 무거운 병으 로 앓아눕게 되었다. 그때 어린 율곡은 아무도 모르게 사당으로 들어가 어머니의 회복을 바라는 기도를 드렸다.

"얘가 어디 갔지? 현룡아!"

해가 질 무렵이 되어도 어린 율곡이 보이지 않자 집안이 발칵 뒤집히면서 식구 모두가 '현룡'이란 이름을 부르면서 찾아 헤 맸다. 율곡의 어릴 적 이름이 '현룡(見龍)'이다. 어머니인 사임 당의 태몽에 검은 용이 보였다고 하여 그렇게 지은 것이다. 한 참만에 사당에서 눈물을 흘리며 기도하고 있는 어린 율곡을 찾 아낸 집안 식구들은 저으기 놀랐다. 그런 일이 있은 다음 사임 당은 곧 완쾌되었는데, 이에 탄복한 사람들이 그에게 '강보 효 자', 즉 '포대기 효자'란 칭호를 붙였던 것이다.

어린 시절부터 영명하고 효행이 남다르게 지극한 율곡은 부모 님의 뜻을 단 한 번도 거역한 적이 없었다고 한다.

율곡의 나이 열한 살 때에는 그의 아버지가 중병에 걸려 매우 위독한 상태였다. 그때 율곡은 자기의 팔을 칼로 찔러 쏟아지는 피를 그 아버지의 입에 흘려 넣어 드렸다. 그후 아버지도 쾌차 하게 되었다.

효심이 지극한 율곡이 어머니인 사임당을 여읜 것은 열여섯 살 때였다. 그가 수운 판관의 벼슬을 지내고 있던 아버지를 따 라 집을 떠나 있을 때 세상을 떠난 것이다. 어머니를 임종조차 못한 채 떠나보낸 율곡은 여러 날 동안 슬픔이 극에 달하여 마치 정신나간 사람과 같았다고 한다.

어머니 묘소 옆에 여막을 치고 여묘살이를 하던 율곡은 어머니를 사모하는 〈선비행장(先妣行狀)〉을 지으며 눈물로 세월을 보냈다고 한다.

율곡이 어머니의 여막에서 밤낮으로 울고 있다는 소식을 전해 들은 그의 친구들은 수시로 찾아 와서 '효행 때문에 몸을 상하게 하지 말라'는 충고와 위로를 했다고 한다. 효행도 좋지만 효행 때문에 몸을 상하게 되면 그것도 불효 중의 하나라고 충고했던 것이다.

그때 친구들은 여묘살이를 하는 율곡에게 고금의 많은 서적들을 보내어 독서를 권했는데, 그의 독서 능력이 뛰어나 한 눈에 열 줄을 읽어낼 정도였다고 한다.

사임당이 세상을 떠난 후 율곡의 아버지 이원수는 후처를 맞이했다. 계모 권씨(權氏)는 성질이 괴팍하고 포악하여 율곡을 몹시도 괴롭혔다. 그럼에도 불구하고 율곡은 계모를 지극한 정성으로 섬겼다.

율곡의 나이 스물여섯에 아버지마저 세상을 떠났다. 삼년상을 치른 율곡은 아버지가 살아계실 때와 마찬가지로 계모를 모시고 공경했다. 뒷날 율곡이 재상을 지낼 때에도 효성은 변함없었다.

그러자 마침내는 그토록 괴팍하고 포악하던 계모도 감동하여 마음을 바로잡게 되었다.

율곡이 49세로 세상을 떠났을 때 계모 권씨는 누구보다 더 슬퍼했다. 율곡이 병을 얻어 자리에 누웠을 때 계모는 율곡의 아내보다 더 지극히 병간호를 했고, 율곡이 죽은 다음에는 삼년 동안이나 꼬박 소복을 입고 심상(心喪)을 표시하여 세상 사람들을 놀라게 했다.

계모 권씨는 지난날 자신의 나쁜 마음을 뉘우치며 이렇게 말했다고 한다.

"율곡은 해동이 낳은 증자(曾子)이다. 그런 효자를 괴롭힌 일을 참회하지 않고는 도저히 눈을 감을 수 없다."

율곡은 〈자경문(自警文)〉을 통하여 항상 스스로를 경계하며 마음과 행실을 가다듬었다. 이 글은 사람의 자식된 도리를 말하고 있는데, 그것을 여기에 옮기면 다음과 같다.

1. 먼저 그 뜻을 크게 가지고 성인을 표준으로 삼아, 조금이라도 성인의 행실에 미치지 못하면 내 할 일이 다 끝나지 못한 것이라고 여긴다.

2. 마음이 안정된 사람은 말이 적다. 마음을 안정시키는 일은 말을 적게 하는 데로부터 시작된다.

3. 말할 때가 된 뒤에 말하면 그 말이 간결하지 않을 수 없다.

4. 오랫동안 놓아 두었던 마음을 하루아침에 바로잡으려고 한다면, 어찌 그것이 쉬울 수 있겠는가!

마음은 곧 살아 있는 것이다. 안정된 힘이 이루어지지 못한다면 흔들려서 편안하기가 어렵다. 만약 생각이 어지러울 때, 괴롭고 귀찮은 마음에서 그 생각을 애써 정리하려 하지 않으면, 더욱 어지러운 생각이 일어났다 없어졌다 하며 마음을 괴롭히게 될 것이다. 생각이 어지러운 경우에는 정신을 거두어 모아 차근차근 사리를 다 잡을 것이지, 어지러운 생각에 함께 끌려가지 말 것이다.

이렇게 힘쓰기를 오랫동안 하노라면, 반드시 마음이 차분히 가라앉아 안정될 때가 있을 것이다.

5. 무슨 일을 하든지 한 가지 일에 전념할 것이다. 이 또한 마음을 안정시키는 공부이다.

6. 항상 마음가짐을 삼가하여 경계하고, 혼자 있을 때를 더욱 삼가하라. 이런 마음을 지니고서 늘 게으르지 않으면 일체 간사한 생각이 자연 일어나지 않을 것이다.

7. 온갖 나쁜 행실은 모두 혼자 있을 때를 삼가하지 않는 데로 부터 생겨 난다.

8. 혼자 있을 때를 삼가한 뒤에야 가히 자연과 더불어 시를 지어 읊으며 즐길 수 있는 뜻을 알게 될 것이다.

9. 새벽에 일어나면 아침에 할 일을 생각하고, 조반을 먹은 뒤에는 낮에 할 일을 생각하고, 잠자리에 든 뒤에는 내일에 할 일을 생각할 것이다. 만일 일이 없으면 억지로 그럴 필요는 없지만, 일이 있으면 반드시 알맞게 처리할 방도를 생각한 뒤에 책을 읽을 것이다.

책을 읽는다는 것은 사리의 옳고 그른 것을 분별하여서 이를 실행하는 일이다. 만약 사리를 살피지 아니하고 홀로 우뚝 앉아서 책만을 읽는다면 이는 쓸모가 없는 학문이 될 것이다.

10. 재물과 영예의 이로움은 비록 그 생각을 깨끗이 쓸어버릴 수 있다고 하더라도, 만약 일을 처리할 때 조금이라도 그때 형편대로 택할 생각을 가진다면, 이 또한 이익을 위하는 마음이니 더욱 살펴야 할 것이다.

11. 무릇 일을 당했을 때 만약 해야 할 일이면 싫어하거나 게을리하는 마음을 가져서는 안된다. 해서 안 될 일이면 일체 끊어버려 가슴 속에서 옳으니 그르니 하고 서로 싸우는 마음이 일어나게 해서는 안될 것이다.

12. 한 가지 옳지 않은 일을 행하여 죄없는 한 사람을 죽이는

행위는, 천하를 얻는다 하여도 하지 않으리라.

13. 뜻밖에 도리에 어긋나는 일이 나에게 닥쳐오더라도, 스스로 반성하고 깊이 살피어 그 감화를 기약할 것이다.

14. 한집안 사람이 잘 감화되지 않는 것은, 다만 이는 정성스러운 뜻이 극진하지 못한 때문이다.

15. 밤에 잠을 잘 때나 병이 났을 때가 아니면 자리에 누워서는 안되고, 벽에 비스듬히 기대어서도 안된다. 비록 밤중이라도 자고 싶은 생각이 없으면 눕지 않아야 하고, 다만 이것을 억지로 해서는 안 된다. 낮에 자고 싶은 생각이 나면 마땅히 이런 생각을 깨우쳐 충분히 각성할 것이다. 그래도 만약 눈까풀이 무겁거든 일어나 두루 거닐면서 잠을 깨도록 할 것이다.

16. 학업에 힘쓰되 늦추지도 말고 급하게 서둘지도 말고 죽은 뒤에 그만둘 따름이다. 만약 빨리 그 보람을 구한다면 이것 또한 자신을 이롭게 하려는 욕심이다.

만약 이와 같이 하지 않는다면, 어버이에게서 받은 육체를 욕되게 함이니 이는 곧 남의 아들된 도리가 아니다

《栗谷全書》에서 발췌

214

◀ 제9화 ▶

효자 향덕 이야기

　　신라 경덕왕 때, 웅주(熊州, 지금의 경주)의 한 마을에 향덕이
라는 재가승*이 살았다.

　　향덕은 일찍 아버지를 여의고 어머니마저 병약했다. 때문에
어려서부터 가난한 집안 살림을 그가 도맡아 꾸려나가야만
했다. 불심(佛心)이 깊은 향덕은 계(戒)를 받고 재가승이 되어 부
처님의 가르침을 따르면서 홀어머니를 극진히 봉양했다.

　　경덕왕 14년 신라에는 큰 가뭄이 들었다. 너무 오랫동안 비가
내리지 않아 온 나라에 극심한 흉년이 들었는데, 사람들은 풀뿌
리와 소나무 껍질 등을 벗겨 먹으며 목숨을 연명할 정도로 비참
했다. 게다가 질병마저 돌아 많은 사람들이 병으로 죽어가고 있
었다.

────────────
*재가승(在家僧) : 집을 떠나지 않고 집에서 불법을 닦는 중.

　그 흉년 속에서도 향덕은 어머니께 세 끼 진지를 올리기 위하여 온갖 노력을 다했다. 그러나 피땀을 흘리며 일하여도 식량은 턱없이 부족했고, 그래서 그 자신은 밀기울이나 풀뿌리 등으로 배를 채워야만 했다.

　그러던 어느 날부터인가 어머니의 몸이 이상했다. 온몸에 종기 같은 것이 돋아나더니 점점 커지는 것이었다.

　"아아, 대자 대비하신 부처님! 이게 무슨 날벼락이란 말씀입니까?"

　가난한 살림에 온갖 고생을 하면서도 부처님을 원망해본 적이 없었던 향덕은 처음으로 부처님을 원망했다.

　그러나 곧 자신의 불경스런 말을 반성하고 백방으로 좋다는 약을 구하러 다녔다. 자신의 힘이 닿는데까지 약을 구해다가 병구완을 했지만, 어머니의 병세는 날로 악화되어 갔다.

　온몸의 종기가 점점 곪아 감에 따라 어머니는 몹시 괴로운 듯 밤새도록 끙끙 앓았다.

　밤을 하얗게 새워가며 병구완을 하는 향덕은 부처님께 제발 자신이 어머니 대신 아프게 해 달라고 빌고 또 빌었다.

　남의 집에 품을 팔지 않으면 굶어야 하는 향덕의 형편이었다. 그런데 어머니가 사경을 헤매고 있으니 품을 팔러갈 수도 없었다.

　"이럴 수도 없고 저럴 수도 없구나. 어머니 진지는 어떻게 해 드린단 말인가!"

　향덕은 소나무껍질이라도 벗기기 위하여 급히 산으로 올라갔다. 그런데 산 중턱에 사람들이 웅성거리고 있었다.

　"무슨 일로 사람들이 저렇게 모여 있을까?"

　향덕이 그곳으로 가 보니 어떤 사람이 입으로 젊은이의 발목을 정신없이 **빨아내고** 있었다.

"대체 무슨 일입니까?"

향덕이 묻자 구경하던 노인이 말했다.

"소나무껍질을 벗기다가 독사에 물렸다오."

"뭐라구요? 그렇다면 큰일이 아닙니까? 독사에 한 번 물리면 온몸에 독이 퍼져 목숨을 잃을 수밖에 없습니다."

향덕이 놀라 소리치자 노인이 다시 말했다.

"독사에 물렸을 때는 재빨리 입으로 독을 **빨아내면** 살 수도 있다네. 그 독이 몸에 퍼지기 전에 **빨아내면** 말일세."

이 말을 듣는 순간, 향덕의 머릿속에는 한 가지 생각이 번개같이 스쳐 지나갔다.

'그렇다! 어머니의 종기를 한 번 **빨아보자.** 그러면 나쁜 독이 **빠질** 지도 모른다.'

향덕은 단숨으로 집으로 돌아와서 어머니가 누워계시는 방으로 들어갔다. 그리고 서둘러 혼수 상태에 **빠져** 있는 어머니의 온몸에 난 종기를 하나하나 입으로 **빨기** 시작했다. 입을 대고 종기는 **빨때마다** 고름과 나쁜 피가 섞인 진물이 계속해서 흘러나왔다.

향덕은 시간을 잊고 종기 **빨기에** 여념이 없었다. 그러는 사이에 밤이 되었고, 다시 날이 밝았다. 아침이 되자 어머니는 혼수 상태에서 깨어났다. 조금도 고통스럽지 않다는 표정으로 입을 열었다.

"애야, 내가 꿈에 신령한 연못에가서 목욕을 했단다. 그래서인지는 몰라도 온몸이 시원하구나. 아프지도 않고 말이야."

어머니의 그 말을 들은 향덕은 눈물이 핑 돌았다. 자기가 종기를 **빠는** 동안 어머니가 꾼 꿈이 예사롭지는 않다는 생각이 들었다.

이날부터 향덕은 낮에는 남의 집에 품을 팔아 양식을 구하고, 밤에 어머니가 잠든 틈을 타서 다시 종기를 빨아냈다.

이렇게 며칠을 계속하자, 어머니의 몸에 난 종기는 마치 거짓말처럼 깨끗이 없어졌다.

"애야, 왜 이렇게 고기가 먹고 싶은지 모르겠구나 !"

병상에서 쾌차한 어머니는 쩝쩝 입맛을 다셨다. 식량을 구하기도 어려운 판에 고기를 구한다는 것은 보통 어려운 일이 아니었다. 그리고 그는 부처님의 가르침을 따르는 재가승이었기에 살생을 금하고, 고기는 손에 만지지도 않았다.

효심이 지극한 향덕인지라 신앙과 효도의 갈래 길에서 몹시 고민을 했다. 부처님의 말씀을 거역할 수도 없고, 그렇다고 어머니가 먹고 싶어하는 고기를 해 드리지 않을 수도 없었다.

"대자 대비하신 부처님 ! 저는 이 일을 어떻게 해야 합니까? 부디 좋은 가르침을 주십시오."

그날 밤 향덕은 부처님전에 무릎 꿇고 자신의 답답한 마음을 토로했다. 그러나 부처님께서는 아무 말씀도 없으셨다.

"애야, 고기가 먹고 싶어 미치겠구나. 너를 생각해서라도 에미가 고기 먹을 생각을 말아야 하는데 말이다. 그것을 너무나 잘 알면서도 이러는 내 마음이 밉고도 싫구나."

어머니도 자신의 마음을 자제하지 못하는 것을 괴로워했다. 그래서 향덕의 마음은 더욱 송구스러워 견딜 수가 없었다.

향덕은 이 문제로 며칠을 괴로워하다가 마침내 비장한 결심을 했다. 그러나 그 결심은 너무도 끔찍한 고통을 요구하는 것이었다.

"어머님, 조금만 참으십시오. 오늘은 제가 꼭 고기를 구해다가 구워드리겠습니다."

아침에 집을 나서기 전에 향덕은 이렇게 말했다. 아들의 뜻밖인 이 말에 어머니는 기뻐서 어쩔 줄을 몰라 했다.

'저렇게 좋아하시는 것을 지금껏 못해 드렸구나. 나야말로 천하에 없는 불효자이다.'

향덕의 품에는 시퍼렇게 날이 선 칼이 들어 있었다. 새벽에 일어나 오랜 시간 숫돌에 싹싹 갈아둔 칼이었다.

"고통은 잠시만 참으면 된다. 부처님의 뜻을 어기지 않으면서 어머님께 고기를 드리는 방법은 이 수밖에 없다."

향덕은 이렇게 중얼거리면서 마을 앞 냇가의 인적이 드문 곳으로 걸음을 옮겼다. 편안한 곳에 자리를 잡고 앉은 향덕은 허벅지를 걷고 품에서 칼을 꺼냈다. 햇빛에 반사되어 번쩍번쩍 빛을 내는 칼날을 보니 두려운 마음이 밀려들어 저절로 눈을 찔끔 감도록 만들었다.

"으헉!"

향덕의 입에서 고통을 참지 못하여 비명이 터져 나왔다. 그와 동시에 붉은 피가 콸콸 솟구쳐 냇가에 떨어졌다.

향덕은 땅이 푹 꺼지는 듯한 고통을 참으며 허벅지에서 도려낸 살을 잘게 썰었다. 그리고 곧 쓰러질 것만 같은 몸을 억지로 지탱하며 수풀이 우거진 곳으로 가서 털썩 쓰러졌다.

얼마나 시간이 흘렀을까! 향덕이 기절하였다가 깨어났을 때는 서산에 해가 걸려 있었다. 살을 도려낸 허벅지의 상처가 몹시도 쓰라리고 아팠다. 이를 앙당 물고 참았지만 눈물이 찔끔거렸다.

"어서 집으로 가자, 어머님께서 기다리시겠다."

집으로 돌아온 향덕은 도려낸 살에 양념을 한 후에 지글지글

구워서 어머니의 밥상에 올렸다. 아무것도 모르는 어머니는 그 고기를 맛있게 다 드셨다.

"참 잘 먹었다. 세상에 이렇게 맛있는 고기는 처음 먹어 봤다."

그후 향덕의 병약한 어머니는 놀랍게도 건강이 좋아졌다. 그리고 다시는 고기를 먹고 싶다는 말은 하지 않았다.

"부처님, 감사합니다."

향덕은 부처님의 가피라 생각하고 진심으로 감사를 드렸다. 천하에 없는 영약을 먹은 것처럼 어머니의 건강이 회복되고, 또한 어머니의 마음에서 고기를 먹고 싶다는 생각을 싹 가시게 한 것은 부처님의 은덕이 아니고서는 할 수 없는 일이라고 생각한 것이다.

이러한 행적에서 알 수 있듯이, 향덕은 세상에 보기 드문 효자였으며, 참된 부처님의 제자였다.

그후 사람들은 향덕이 자기의 허벅지살을 도려냈던 마을 앞의 내 이름을 '혈흔천(血痕川)', 즉 '피홀리내'라 불렀다.

이 거룩한 효행은 온 나라에 퍼졌고 마침내 경덕왕에게까지 알려졌다. 왕은 그 효성이 지극함에 크게 감동하여 돌비석에 그 효행을 새겨 그 마을에 세우게 하였다. 또한 집 한 채와 벼 삼백 가마를 내려 어머니를 모시는데 어려움이 없도록 돌보아 주었다.

이때부터 향덕이 살았던 동네에는 많은 효자 효부가 나왔다고 한다.

220

◀ 제10화 ▶

왜구를 물리친 효성
倭寇

　문익점(文益漸)은 고려 공민왕 때의 학자로서 최초로 우리 나라에 목화씨를 전래시킨 장본인이다.

　위대한 업적을 남긴 선구자로서의 명성이 높지만, 그 명성 못지 않게 효자로도 유명하다.

　문익점이 아직 벼슬길에 나가기 전에 어머니가 세상을 떠났다. 효성이 지극했던 그는 어머니의 무덤 옆에 여막을 짓고 여묘살이를 시작했다. 그때 그는 슬픔을 감당할 길이 없어 밤낮으로 울었기 때문에 눈이 멀 지경이었다고 한다.

　실제로 부모상을 당한 후 너무 슬피 울다가 청맹과니*가 된 이충작(李忠綽)이라는 효자가 있다.

　당시는 자꾸 왜구가 우리 나라에 침입하여 약탈과 방화를 일

---

*청맹과니 : 겉으로 보기에는 멀쩡하나, 실상을 보지 못하는 눈. 당달봉사.

삼았다. 이리 떼와 같은 왜구들은 수백 명씩 무리를 지어 갑자기 침입했기 때문에 그 피해는 엄청나게 컸다.

왜구가 휩쓸고간 마을에는 무엇이든 온전하게 남아 있지를 못했다. 재물은 몽땅 털리고 집은 부숴지거나 불태워졌다. 미처 피신을 하지 못한 사람들은 무참히 살해되거나 큰 상처를 입었다.

문익점이 여묘살이를 하고 있을 때 왜구가 침입했다.

왜구들은 미친 들개처럼 떠들며 쳐들어 오다가 무덤 앞에 흰 옷을 입고 엎드려 있는 한 젊은이를 발견했다. 그 젊은이가 바로 문익점이었다.

문익점은 왜구들이 날이 시퍼런 칼을 들고 묘지 주변을 온통 둘러쌓는데도 안색 하나 변하지 않았다.

왜구들은 문익점의 그런 태도에 놀란 듯 저희들 말로 뭐라고 떠들어 댔다.

왜구의 두목으로 보이는 자가 우리 나라 말을 아는 부하를 데리고 문익점 곁으로 다가섰다.

"너는 누군데 달아나지 않고 여기 있느냐? 우리가 두렵지 않느냐?"

왜구 두목의 말을 그 부하가 서툰 말로 통역했다.

문익점은 눈을 부릅뜨고 당당한 목소리로 말했다.

"나는 산 아래 저쪽 마을에 사는 문익점이라는 사람이다. 어머님의 상을 당했기 때문에 무덤 옆에 여막을 지어 놓고 삼년상을 지내고 있는 중이다."

"그 무덤이 네 어머니의 무덤이란 말이냐?"

"그렇다!"

"그렇다면 깜깜한 밤에도 이 무덤 곁을 떠나지 않는다는 말이냐? 무서운 산짐승이 들끓텐데…….”

왜구의 두목은 도저히 이해할 수 없다는 표정을 지으며 주위를 휘둘러 보았다.

“물론이다. 비가 오고 눈이 와도 이 무덤 곁에서 한 발자국도 떠날 수 없다. 그리고 미천한 짐승도 여묘살이를 하는 사람을 해치지는 못한다.”

“이러는 것이 너희 나라 풍습이냐?”

“그렇다. 우리 나라에서는 인간의 도리 가운데 예절을 가장 중요하게 여긴다. 그리고 그 예절의 시작은 효도에서 비롯된다. 나는 어머니가 살아계실 때 내게 베풀어 주신 그 은혜를 만분의 일도 갚지 못한 불효자이다. 때문에 이렇게나마 삼년 동안 어머니의 묘소를 지키며 망극 지통*을 달래는 것이다.”

이 말에 왜구 두목의 안색이 묘하게 변하며 다시 물었다.

“죽음을 불사하면서까지 무덤을 지키겠다는 것이냐?”

“물론이다. 우리 나라에는 부모를 위해 목숨을 버린 효자가 많다.”

“음, 아무리 너희의 풍습이 그렇다 해도 눈앞에 위험이 닥치는 데 묘지를 지키는 것은 실로 어리석지 않느냐? 위험이 닥치면 먼저 몸을 피하여 목숨을 구한 다음에 오래도록 효성을 바치는 것이 더 낫지 않겠느냐?”

왜구 두목은 이런 말로 문익점의 마음을 떠보았다.

“너희의 얄팍하고 짧은 소견으로 어찌 예절을 알겠느냐! 위험하다고 해서 효성을 미룬 사람이라면 위험하지 않을 때라고 해서 효성을 다 할 수 있겠느냐? 가난하다고 해서 효도를 하지 않는 사람이 부유하다고 해서 효도를 다 하겠느냐? 가난하건

*망극 지통(罔極之痛) : 한이 없는 슬픔. 임금이나 어버이의 상사(喪事)에 쓰는 말.

부유하건, 평화롭건 위험하건 간에 한결 같은 마음을 지니는 것
이 효도의 참뜻이다."

문익점은 우렁우렁한 목소리로 왜구 두목을 꾸짖듯이 말했다.

그러자 왜구 두목은 얼굴을 붉히며 눈을 부라렸다. 단칼에 목
을 베어버리기라도 하려는 사람처럼 칼집에서 거칠게 칼을 뽑
았다.

"넌 나를 몹시 화나게 만들었다. 그렇지만 특별히 기회를 주
겠다. 당장 내 눈앞에서 사라져라. 셋을 헤아릴 동안에 사라지
지 않으면 네놈의 목을 베겠다!"

문익점은 눈 하나 까딱하지 않고 호통쳤다.

"추호도 목숨은 아깝지 않다! 다만 너희와 같은 무례한 놈들
에게 죽는다는 것이 원통하다!"

왜구 두목은 문익점을 무섭게 쏘아보다가 슬그머니 겨누던 칼
을 떨구고 고개를 옆으로 돌렸다.

"내가 졌다. 참으로 너의 효성은 놀랍다. 우리에게도 부모가
있고, 우리도 도리는 알고 있다."

왜구 두목은 이렇게 말한 후에 부하들을 이끌고 산을 내려
갔다. 그리고 그들은 문익점이 살고 있는 마을은 거들떠보지도
않고 다른 곳으로 떠나갔다고 한다.

왜구를 보고도 부모의 무덤 곁을 떠나지 않았던 효자로는 허
계도(許繼道)란 고려 우왕 때의 벼슬아치가 있다.

허계도 역시 문익점과 같은 고향인 경상남도 산청군 단성면
사람이다. 그는 어머니가 병상에 누웠다는 소식을 받자 즉시 벼
슬을 하직하고 고향으로 돌아와 극진히 병구완을 했다. 그러나
워낙 연로하신 어머니가 끝내 세상을 뜨자 삼년 동안 여묘살이

를 했다.

그러던 어느 날 왜구가 침입하였는데, 허계도는 왜구들의 협박에도 불구하고 끝내 어머니의 무덤 곁을 한 발자국도 떠나지 않았다고 한다. 이에 감동한 왜구들은 그를 해치지 않고 그 마을을 떠났다.

나라에서는 마을 앞에 효자 정문을 세워 그 극진한 효성을 표창했다.

◀ 제11화 ▶

무엇이 으뜸 효도인가①
─무엇이든 이야기하는 효자─

반드시 좋은 옷, 맛있는 음식으로 부모님을 봉양해야만 효도를 다한다고 할 수 있는가?

얼핏들으면 그럴싸하지만, 깊이 생각해 보면 큰일 날 발상이다.

간혹 부모를 봉양하려고 도둑질을 하거나 범죄를 저지른 경우가 있다. 금품을 노려 무고한 사람을 살해한 살인범이 고향의 홀어머니에게 한 달도 빠짐없이 생활비를 보내드렸었다는 신문기사를 읽은 적이 있다. 또한 명절 때 고향에 갈 비용을 마련하기 위하여 범죄를 저지른 경우는 비일비재하다.

그들은 정당하지 못한 방법으로 돈을 구하여 부모의 옷을 사고, 음식을 장만하고, 용돈을 드리는 것으로써 효도를 다 하는 것이라 생각하는 것이다.

그러나 악의 끝은 비참하다. 꼬리가 길면 잡히게 마련이라는 말이 있듯, 나쁜 일은 길이 계속될 수 없다. 그 일이 탄로남과 동시에 부모로 하여금 치명적인 치욕과 고통을 느끼게 한다. 결과적으로 씻을 수 없는 불효를 저지르고 있는 것이다.

모름지기 진정한 효도란 마음에 있는 것이지 물질에 있는 것은 결코 아니다. 자신의 수입과 신분에 알맞게 부모를 봉양하고 위로해 드리면 되는 것이다.

'빈자일등(貧者一燈)'이란 말이 있다. 왕이 바친 백등(百燈)은 밤 사이에 불이 꺼지거나 기름이 다 되었는데, 가난한 여인이 바친 등 하나만은 계속 불이 켜져 있었다는 고사에서 유래된 말로써, 즉 물질이 많고 적음보다 정성이 소중하다는 뜻이다.

오늘날도 효자 효부로 선정되어 표창받는 사람들은 대부분 가난한 사람들이다. 그중에는 수입이 너무 적어 제 처자의 입에 풀칠하기도 힘든 형편임에도 불구하고 노부모를 극진히 봉양했던 사례가 적지 않다.

공자는, 빈천한 처지에서 효도를 다하는 것은 부귀로써 효도를 다하는 것보다 몇 배의 가치가 있다고 했다.

다음의 이야기는 진정한 효도가 무엇인가를 깨닫게 할 것이다.

나이가 많은 홀어머니를 모시고 사는 효자가 있었다.

90세가 넘은 어머니는 약간의 치매(癡呆) 증상을 보이기 시작했고, 눈이 침침하여 사람을 잘 알아보지 못했다. 또한 가는귀까지 먹어 큰소리로 말을 해야 알아들을 뿐만 아니라 기력이 쇠하여 바깥 출입을 못했다.

"저 노인네가 오래 살더니 마침내 노망이 들었군."

"손자 며느리에게 누구시냐고 묻는다더군."

"그러나 복있는 늙은이야. 아들이 둘도 없는 효자니까 말이야."

마을 사람들은 망령든 노인이라고 해서 가까이 하기를 꺼렸다. 누구 한 사람 노인을 찾아오지 않았다. 그러자 아들은 오갈데없는 불쌍한 노인들을 일부러 모셔다가 극진히 대접하여 어머니의 말동무가 되어 드리도록 하였다.

그 아들은 자기의 어머니가 망령이 들었다는 소리를 들으면 무척이나 화를 냈다. 어머니의 흉이 되는 말을 자기 앞에서는 절대로 못하게 막았다.

그리고 아들은 밤마다 어머니의 말상대가 되어 드렸다. 바로 그것이 그 아들의 독특한 효도 방법이었다.

"어머니!"

큰소리로 어머니를 부른 아들은 그날 있었던 이야기를 미주알고주알 빠짐없이 하는 것이었다.

"어머니, 오늘 감나무집 박영감이 떡두꺼비 같은 손자를 봤답니다. 손(孫)이 귀한 박영감이 어찌나 좋아하는지, 글쎄 입이 귀밑까지 찢어지는 것 같더라구요. 어머님도 박영감의 그런 모습을 상상해 보세요. 어때요, 재미있지요?"

아들이 이야기를 하면 늙은 어머니는 연신 고개를 끄덕이면서 흡족한 표정을 짓는 것이었다. 어머니는 아들의 이야기를 통하여 논밭의 곡식이 어떻게 자라고 있는지, 동네 사람들에게 어떻고 어떤 일이 있었는지, 세상은 어떻게 돌아가고 있는지를 알게 되는 것이었다.

아버지가 할머니에게 온갖 이야기를 고하자 손자 손녀들도 본을 받아 온갖 이야기를 할머니께 들려주었다.

228

"할머니, 오늘 어떤 남자가 제게 꽃을 선물했어요. 아주 잘생긴 남자인데 성은 무엇이고 이름은 무엇이에요. 친해지면 할머니께 먼저 인사를 시킬 게요."

"할머니, 나 오늘 시험을 봐서 백 점을 받았어요. 기쁘시지요?"

손자 손녀들의 이런 이야기에 할머니는 한없이 행복해 하는 것이었다.

다른 사람들은 그 집안 식구들이 할머니께 이야기하는 것을 이해하지 못했다. 어떤 친구는 드러내놓고 흉을 보기도 했다.

"이제 보니 저 친구 어머니가 망령이 든 것이 아니라, 바로 저 친구 자신이 망령이 들었어. 대단한 일도 아닌 것을 날마다 일일이 지껄이는 것이 미친 짓이 아니고 뭐겠어?"

이런 소리를 들을 때마다 아들은 버럭 화를 냈다.

"자네들은 나를 비웃을 자격도 없는 사람들이네. 함부로 남의 일에 이러쿵저러쿵 하지 말고 어서 가서 자네들 부모님께 세상 돌아가는 이야기를 해 드리게나. 무척 기뻐하실 테니까 말일세."

"허어, 우리더러 자네처럼 실없는 짓을 하라 그말인가?"

"절대로 실없는 짓이 아닐세. 돈이 드는 것도 아니니까 나에게 속는 셈치고 오늘부터 며칠 동안만 자네들의 하루 일과를 보고 드리게나. 그러면 나를 이해할 수 있을 것이네."

아들은 친구들을 열심히 설득했다. 그러자 친구 한 명이 고개를 갸우뚱하며 약간 장난스럽게 말했다.

"어디 자네 말마따나 나도 하루 일과를 보고드려 효도를 해 볼까?"

"이 사람아, 장난이 아닐세. 원래 노인네들은 궁금한 것이 더 많다네. 마음은 있어도 직접 가 볼 수가 없고, 또한 세상 돌아가는 이야기를 할 상대가 많지 않으니 얼마나 답답하시겠는가? 그리고 노인들에게는 재잘거리며 응석을 부리는 손주들 이상으로 귀한 보물은 없는 법일세. 부디 자네 자식들에게도 할머니 할아버지께 이야기를 하도록 교육시키게나."

효자의 이와 같은 설득에 친구들도 하나 둘씩 보모님께 이야기를 하기 시작했다. 그러자 과연 부모님이 그렇게 좋아하실 수가 없었다.

"여보게, 친구! 자네 덕분에 나도 참 효도를 할 수 있게 되었네. 좋은 옷이나 맛있는 음식을 해 드리는 것보다 나의 이야기를 듣는 것을 훨씬 좋아하시는 것을 보고서야 비로소 효도 방법을 깨닫게 되었네. 고맙네, 정말 고맙네."

그 효자의 영향으로 인하여 그 동네는 온 동네 사람들이 효도하는 방법을 배웠다고 한다.

외로움이나 소외감은 노인들이 겪는 가장 일반적인 고통 중의 하나이다. 이것은 부유하거나 가난하거나를 떠나서 공통적으로 느끼는 부분이다. 특히 혼자되어 외로운 상태에서 자식들마저 외면할 때 노인은 갈 곳이 없어진다.

부모님께, 할아버지와 할머니께 말상대가 되어 준다는 것이야말로 으뜸가는 효도이다.

◀ 제12화 ▶

무엇이 으뜸 효도인가 ②
―부모님 말씀에 묵묵히 순종하는 효자―

소혜왕후 한씨가 지은 《내훈》의 〈효친장·孝親章〉은 이렇게 이르고 있다.

"아들과 며느리가 효도하고 공경하는 것이란 부모나 시부모의 뜻을 거스르지 않고 게을리하지 않는 것이다. 만일 부모가 음식을 먹으라고 하면, 그것이 비록 즐기는 음식이 아니더라도, 반드시 맛을 보고 다음 말을 기다려야 한다. 옷을 입으라고 하면, 비록 입고 싶지 않아도, 반드시 입고서 다음 말을 기다려야 한다.

부모가 일을 맡기고 나서 그 일을 남에게 대신하라고 했으면, 비록 그렇게 하고 싶지 않더라도, 그 사람에게 일단 맡겼다가 잠시 일을 시킨 뒤에 다시 자기가 맡아서 해야 한다."

자신은 하고 싶지 않더라도 부모의 말씀을 거역하지 않는 것이 '효의 길'임을 말하고 있는 것이다.

다음의 이야기는 효자의 자세를 깨닫게 하는 내용이다.

어느 마을에 평생을 가깝게 지낸 두 노인이 살았다.

그런데 한 노인은 부유하게 잘 살고 있는데 반하여 다른 노인은 몹시 가난했다.

어느 해 겨울, 새해를 맞아 제사지낼 일을 걱정하고 있는 가난한 노인에게 부유한 노인이 적잖은 돈과 양식을 보내주었다. 그러자 가난한 노인은 고마움을 표시하러 친구 집에 갔다가 한숨 섞인 말투로 신세 한탄을 했다.

"자네와 나는 별로 다른 것이 없는데, 왜 이리 사는 것에는 차이가 나는지 모르겠네. 부모님께 물려받은 재산도 비슷했고, 자네가 일할 때 나도 일했고, 자네가 가진 것은 나도 전부 가지고 있네. 그런데 오늘의 차이는 무슨 까닭인가."

가난한 노인의 이 말에 부유한 노인은 나직한 목소리로 입을 열었다.

"꼭 한 가지의 까닭이 있는 것 같네."

"한 가지의 까닭?"

"그렇네. 누구보다 나는 자네의 부지런한 성품을 알고 있네. 지금까지 자네는 나보다 더욱 부지런히 일했네. 그런데 지금 자네는 끼니를 걱정하고 있으니, 그 까닭이 무엇인지 한 번도 생각해 보지 않았나?"

"왜 생각해 보지 않았겠는가! 골백번도 더 생각했지……."

"그런데도 까닭을 알아내지 못했단 말인가?"

"……."

가난한 노인은 말없이 고개를 끄덕이며 친구를 유심히 보왔다. 친구의 그 말이 마치 부자가 되는 특별한 방법이 따로 있는 것처럼 들렸기 때문이었다.

"한 가정의 재물이란 뼈빠지게 일만 열심히 한다고 해서 모이는 것이 절대 아닐세. 온 집안 사람이 한마음으로 뭉쳐서 화목을 이루어야 애써 모은 재물이 점점 불어나는 것이라네."

"집안이 화목하면 재물이 쌓인다 그말인가?"

"그렇네! 자네와 나의 차이는 그것 뿐이네."

"알 수 없는 소리를 다 하는군그래?"

가난한 노인이 실망한 표정을 지으며 힘없이 말하자, 친구는 딱하다는 듯이 바라보았다.

"도저히 믿을 수 없는 모양이군? 그렇다면 내가 지금 이 자리에서 그 증거를 보여주겠네."

부자 노인은 즉시 방문을 열고 조용한 소리로 아들을 불렀다. 그러자 뒷곁에서 장작을 패고 있던 아들이 대답과 동시에 달려나왔다.

"부르셨습니까, 아버님?"

"그래 불렀다. 어서 식구들을 불러 지붕 위에다 외양간의 소를 끌어올려다 놓도록 하여라."

"알겠습니다, 아버님!"

아들은 두말없이 집안을 돌아다니며 아내와 동생들을 불렀다. 그 바람에 부자 노인의 아내도 마당으로 나왔다.

"애야, 무슨 일이냐?"

"예, 방금 아버님께서 지붕 위에 소 한 마리를 끌어올려다 놓으라고 하셨습니다."

"그렇다면 어서 그렇게 하도록 하여라."

"예, 어머니."

아들의 지시에 따라 온집안 식구들이 바쁘게 움직이기 시작했다. 사다리와 짚단 등을 가져와서 경사진 길을 만들고, 외양간의 소를 몰고와서 가까스로 소를 지붕 위에 올려다 놓았다.

그것을 지켜보고 있던 부자 노인은 흡족한 표정을 지으며 아들에게 다시 말했다.

"됐다. 이제 그만 소를 다시 마당으로 내려라."

"예, 아버님."

아들은 아버지의 말에 조금도 지체하지 않았다. 겨우 지붕까지 올렸던 소를 다시 내리면서도 식구들은 군소리 한마디 하지 않았다.

"여보게, 잘 보았나? 이것이 바로 가정의 화목이라네. 가장의 말에 무조건 믿고 따르는 가족이 있기에 재물도 쌓이는 것일세."

가난한 노인은 그까짓 것 하는 얼굴로 친구를 보았다.

"나는 또 뭐 별거라고, 저 정도의 일이라면 나도 할 수 있네."

"과연 그럴까?"

"그렇고 말고. 내 자식들도 효성 하나는 지극하니까 말일세. 우리 집으로 가세."

친구를 데리고 의기 양양하게 자기 집 마당으로 들어선 가난한 노인은 큰소리로 아들을 불렀다. 그러나 집 안은 쥐죽은 듯 조용하기만 했다.

"다들 어디 갔나?"

대답이 없자 민망해 진 가난한 노인은 더 큰소리로 아들을 불렀다.

그제서야 아들은 방문을 열고 부스스한 얼굴을 내밀었다. 눈이 붉게 충혈된 것으로 보아 낮술이나 한잔 마시고 낮잠을 자고 있던 모양이었다.

"이 녀석아! 정신 차리고 식구들을 모두 모이게 해라!"

"식구들을 모이게 하라구요? 대체 무슨 일인데 그러십니까?"

아들은 방에서 얼굴만 내민 채 심드렁하게 물었다.

"식구들을 모두 불러 외양간의 소를 지붕 위에다 올리도록 해라!"

"뭐, 뭐라구요?"

아들은 눈을 동그랗게 뜨고 아버지의 얼굴을 뚫어져라 쳐다보다가 되물었다.

"지금 소를 지붕 위로 올리라고 하셨습니까?"

"그렇다, 어서 시키는 대로 하여라!"

"아니, 아버지! 지금 바른 정신으로 하시는 말씀입니까?"

"이놈아, 네 눈에 아비가 이상하게 보인단 말이냐?"

"그러지 않고서야 어떻게 소를 지붕에……."

"저놈이 아비의 말을 말같이 듣지 않는구나! 냉큼 소를 지붕에 올리지 못하겠느냐?"

가난한 노인은 얼굴을 붉히며 화를 버럭 냈다. 그렇지만 아들은 뚱한 표정을 지을 뿐 방에서 나오지 않고서 대꾸했다.

"아버지, 말이나 되는 소리를 하셔야 제가 듣지요. 뭣 때문에 소를 지붕에 올린단 말씀입니까?"

"허어, 아비가 시키면 시키는 대로 움직일 것이지 웬 대꾸냐, 앙!"

가난한 노인은 분을 못 이겨 버럭버럭 아들을 꾸짖었다. 그 소리에 집 안 식구들이 모두 마당으로 나왔다.

"아니, 얘야! 네 아버지가 왜 저러시냐?"

　가난한 노인의 아내가 남편과 아들의 얼굴을 번갈아 쳐다보며 물었다.

　"어머니, 아버지가 좀 이상해 지신 것 같아요!"

　"이상하다고?"

　"그래요, 글쎄 외양간에 있는 소를 지붕 위로 올려놓으라 하시잖아요."

　"뭐, 소를 지붕에……."

　"그래요."

　"당신이 정말로 그런 말을 했어요?"

　아내가 묻자 가난한 노인은 그렇다고 대답했다.

　"어이쿠, 당신 정말 미쳤구료! 미치지 않고서야 어떻게 그런 말씀을 하실 수 있겠어요."

　아내마저 미친 사람 취급을 하자 가난한 노인은 할 말을 잃고 말았다. 이때 옆에서 아무 말없이 지켜보고 섰던 부자 노인이 가난한 노인의 어깨를 감싸며 입을 열었다.

　"여보게, 집 안의 화목이란 하루 아침에 이루어 지는 것이 아닐세. 가족들이 가장의 말을 철석같이 믿고 따른다는 것이 화목이며, 그 근본은 효에서 비롯되는 것이네. 가정이 화목하면 모든 일이 잘되지 말라고 해도 잘되는 법일세."

　부자 노인의 이 말에 가난한 노인의 가족들은 깊이 깨달은 바가 있었다.

　그후 가난한 노인도 가정의 화목을 이루어 점차 형편이 나아지게 되었다.

제13화

어머니가 죽자 통곡하다 눈이 먼 효자
―장님 관찰사 이충작(李忠綽)의 효성―

이충작은 조선조 중종 때 충남 천원군 직산에서 태어났다. 세종임금의 넷째 아들 임영 대군의 후손으로서 정8품 벼슬인 저작으로 있다가 효행으로써 형조 좌랑에 특진된 사람이다.

이충작이 승문원 저작으로 있을 때 어머니가 세상을 떠났다. 평소 효성이 지극했던 그는 슬픔을 억누르지 못하고 통곡하다가 그만 눈이 멀고 말았다.

하루 아침에 청맹과니가 된 이충작은 눈이 안 보임에도 불구하고, 비가 오나 눈이 오나, 하루도 빠짐없이 성묘를 계속했다.

"이렇게 폭우가 퍼붓는데 저 사람이 또 어머니의 산소에 가는군. 눈도 보이지 않으면서 말이야."

"그래, 참으로 세상에서 보기드문 효자야! 보통 효성이 아니고서는 저럴 수가 없지."

"내가 가서 길을 안내해 줘야 겠네."

마을 사람들은 이충작의 효성에 감동하여 마음 깊이 존경하는 마음이 우러났다. 그렇기에 그가 지팡이로 더듬거리면서 어머니 산소로 가는 것을 보면, 먼저 본 사람이 아무리 자기 일이 바쁘더라도 길을 안내하여 주었다.

3년이 지나도록 이충작의 성묘는 계속되었다. 성묘를 하는 그의 모습은 마치 살아 계신 어머니를 대하는 것처럼 극진했다.

"저작 이충작은 효성 때문에 청맹이 되었다. 그럼에도 불구하고 3년이 넘도록 하루도 빠짐없이 어머니의 묘소를 찾고 있다!"

이러한 소문을 인근의 고을뿐만 아니라 온 나라에 퍼지게 되었다. 뜻 있는 사람들은 일부러 찾아와 그 모습을 확인하기도 했다.

"과연 소문대로구나! 모든 백성은 마땅히 이충작의 효성를 본받아야 하리라!"

"이충작의 효성을 상감께 아룁시다."

이렇게 하여 임금도 이충작의 효성을 알게 되었다.

"아아, 참으로 갸륵한 효심이로다! 만백성의 귀감이 될 만하다."

조선 제13대 임금 명종(明宗)은 크게 감동했다. 그리고 이충작이 시문에 뛰어나고 학식이 높은 것을 알고 정6품 벼슬인 형조좌랑으로 중용했다.

청맹과니로 벼슬을 살게 된 이충작은 열성으로 자신의 직분을 다했다. 비록 눈은 보이지 않았지만, 그 직무를 처리함에 있어서는 추호도 허술함이 없었다.

임금은 각별한 관심을 갖고 효자 이충작을 지켜 보았다. 병조

좌랑으로 벼슬을 옮기게 하고 얼마 후 다시 정5품 지평(持平)으로 임명했으며, 또다시 정3품의 당상관인 승지로 임명했다.

"이충작은 효성이 지극하여 특진에 특진을 거듭하는군그래?"

"아무리 그래도 장님에게 왕명의 출납을 맡아보는 승지 벼슬은 어울리지 않네."

사간원과 사헌부에서 들고 일어났다. 대사헌과 대사간이 임금께 나아가 이충작에게 승지 벼슬을 내리는 것은 옳지 않다고 아뢰었다.

"전하, 옛부터 지금까지 장님을 승지로 임명한 경우는 없었습니다. 그 막중한 직무를 어떻게 장님의 몸으로 수행할 수 있겠습니까? 그러니 이충작에게 내린 승지 벼슬을 거두어 주시옵소서."

명종은 대사헌과 대사간의 말을 듣고 고개를 흔들었다. 이충작을 승지로 임명한 것은 그의 거룩한 효성을 온 나라에 알리고자 하는 결심에서 단행했기 때문이었다.

"경들은 들으시오! 정사(政事)란 눈으로 하는 것이 아니라 마음으로 하는 것이오. 눈으로 사물을 똑똑히 바로 보면서 못된 짓을 일삼는 무리들 보다, 보이지 않는 눈으로 충효를 다하는 이충작이야말로 참다운 인재요! 그러니 더 이상 이 일을 거론하지 마시오!"

명종의 의지는 단호했다. 어떠한 말로도 임금의 의지를 꺾을 수가 없었다.

임금의 적극적인 뒷받침으로 승지가 된 이충작은, 과연 임금의 기대에 어긋나지 않게 업무를 수행했다. 조그마한 실수도 없이 맡은 바 소임을 다했으므로 임금의 신임은 각별할 수밖에 없었다.

"역시 효성이 지극한 사람은 충성 또한 지극하다. 효성이 지극한 사람은 모든 일에 공정하여 만인의 우러름을 받게 된다."

명종은 마침내 이충작을 충청도 관찰사로 임명했다. 관찰사란 종2품의 당상관으로 한 도의 우두머리 벼슬이다.

장님 관찰사 이충작은 충청도 백성들에게 많은 감화를 주었다. 공명 정대한 업무의 처리도 그렇지만, 효성으로 인하여 눈이 멀었다는 사실은 깊은 깨우침을 주고도 남음이 있었다. 그래서 그가 재직하는 동안 충청도 고을에서는 효자가 많이 배출되었다.

이충작은 충청도 관찰사를 마지막으로 관직을 사퇴하고 고향으로 돌아와 편안히 노후를 보내다가 생을 마쳤다.

그후 후손들은 선조의 효성과 영예를 기리기 위해 정각을 세우고 해마다 제사를 지냈다. 지금도 산소를 찾을 때는 예전에 이충작이 어머니의 산소를 찾을 때 그랬던 것처럼 장님 시늉을 하며 산소를 찾는다고 한다.

240

◀ 제14화 ▶

무릎으로 걸어가는 효심

《명심보감》의 편저자인 명나라의 범양(范陽)은 어느 곳에 수용되어 있는 여자들을 발견했다. 꽃처럼 어여쁜 그 처녀들은 모두 무지막지하게 발가락이 꺾여 있었다. 악당들이 처녀들을 도망가지 못하게 하려고 억지로 병신을 만들어 놓은 것이었다.

"천벌을 받을 자들이로다! 저렇게 되기까지 얼마나 지독한 고통을 받았겠는가? 또한 얼마나 많은 눈물을 흘렸겠는가!"

범양은 납치당한 그 처녀들을 구출하여 집으로 돌아가도록 하였다. 그러나 처녀들은 모두 울음을 터뜨릴 뿐 아무도 나서지 않았다. 모두 발가락이 꺾여 걸을 수가 없기 때문이었다.

'인간의 탈을 쓰고서 어쩌면 이렇게도 악독한 짓을 할 수 있는가! 순자(荀子)께서는 먹물을 튀겨야만 나무를 바르게 자를 수 있고, 칼을 숫돌에 갈아야 비로소 예리해 진다고 했다. 사람

도 갈고 닦아야만 비로소 바르게 된다.'

범양이 이런 생각에 빠져 있을 때였다. 처녀 중 하나가 구슬프게 울면서 애원했다.

"나리, 제발 저를 무호(蕪湖)까지만 데려다 주세요. 홀어머니께서 제가 별안간 없어져서 병환이 나셨을 지도 모릅니다. 나는 걸을 수가 없으니 제발……."

왕옥춘(王玉春)이라는 이름의 처녀였는데, 청익 강과 장 강이 만나는 지점인 무호가 고향이라고 하였다.

범양은 왕옥춘을 비롯한 납치당한 처녀들을 가련하게 여겨 꺾여진 발가락을 고쳐준 후에 집으로 돌려보내려고 생각했다. 그래서 곧 이름난 의사에게 데려가 치료를 하도록 하였다.

그러던 어느 날, 왕옥춘이 감쪽같이 사라졌다.

"왕옥춘은 어디에 갔소?"

범양이 묻자 다른 처녀들이 대답했다.

"어머니를 만나려고 집에 간다고 했습니다."

"아니, 뭐라구요? 그런 몸으로 어떻게 집에를 간단 말이오? 왜들 붙들지 않았소?"

"저희는 붙들었지만 소용이 없었습니다."

범양은 길게 탄식을 하며 입을 열었다.

"아무리 어머니가 보고 싶더라도 걷지 못하는 발로 어떻게 그 먼길을 간단 말인가!"

"옥춘은 납치당한 순간부터 늘 어머니를 잊지 못하고 눈물 지었습니다. 참으로 효녀였습니다. 그 효성을 저희가 너무도 잘 알고 있기에 끝까지 옥춘을 붙들지 못했던 것입니다."

범양은 처녀들의 말을 듣고 왕옥춘의 효성에 탄복했다.

"왕옥춘이 그 발로 고향으로 향했다면 그리 멀리 가지는 못했을 것이다."

　재빨리 밖으로 나온 범양은 왕옥춘의 고향인 무호를 향하여 질풍처럼 말을 달렸다.

　"갸륵한 여자다. 어머니를 생각하여 아픈 발을 무릅쓰고 나서다니……."

　범양은 말을 달리면서도 왕옥춘의 효심에 감동하고 있었다.

　먹구름이 뒤덮인 하늘에서 간간이 빗방울이 떨어지기 시작했다. 시간이 흐를 수록 빗발은 거세졌고, 번개가 일고 천둥마저 울었다.

　"이것 큰일이구나 !"

　범양은 더욱 말에 박차를 가하여 달리면서 주위를 두리번거렸다. 그러다가 어느 곳에 이르러 별안간 말의 고삐를 힘차게 끌어당겼다. 세찬 빗속을 엉금엉금 기어가는 사람을 발견했기 때문이었다.

　'혹시 왕옥춘이 아닐까 ?'

　이렇게 생각한 범양은 급히 말을 돌려 기어가고 있는 사람에게로 다가갔다.

　"왕옥춘 !"

　범양이 소리쳤다.

　아니나 다를까, 기어가고 있는 사람은 왕옥춘이었다. 도저히 걸을 수가 없는 몸이기에 기어가고 있는 것이었다.

　왕옥춘의 모습은 엉망이었다. 옷은 흙탕물에 온통 젖어 있었고, 무릎은 까져 피가 흐르고 있었다.

　그런 모습을 본 순간 범양은 전신에 찌르르 하는 깊은 감동을 느꼈다.

　'놀랍다, 참으로 놀랍다 ! 기어서라도 어머니에게로 가고자

하는 저 효심······!'

범양은 말에서 내려 왕옥춘을 부축하면서 짐짓 화난 목소리로 꾸짖었다.

"어쩌자고 그 몸으로 길을 나섰단 말이오!"

"어머니를 뵙지 않고는 견딜 수가 없었어요."

왕옥춘은 고개를 떨구고 작은 소리를 냈다.

범양은 눈시울이 뜨거워지고 콧날이 시큰했다.

"내게 업히시오!"

범양은 왕옥춘을 업고 말에 올랐다.

'흔히 자식은 부모 은공을 모른다고 하지만, 이 아가씨는 어찌 이처럼 어머니를 생각하는 것일까?'

말을 달려 무호로 가는 도중 범양은 줄곧 왕옥춘의 효심을 생각하며, 자신의 불효를 뉘우쳤다.

그후 고향으로 돌아온 범양은 옛날 집터에 글방을 열고, 아이들을 가르치기 위한 서당 이름을 '명심당(明心堂)'이라고 지었다.

"가르침은 어릴 때일수록 좋다. 사람이 사람다운 사람이 되자면 우선 자기를 낳아주시고 길러주신 부모님의 은혜를 깨달아야 한다. 그것이 사람의 근본인 뿌리를 세우는 일이다."

이런 교육 철학을 가진 범양은 코흘리게 아이들로부터 글을 배우고자 하는 사람들을 모아 교육을 시켰다.

하루는 어떤 청년이 글을 배우겠다고 하여 범양을 찾아왔다. 그 청년은 인근에서 소문난 불효자였다.

"그대는 왜 글을 배우려고 하는가?"

범양이 묻자 청년이 대답했다.

"글을 배워 출세를 하려고 합니다."

244

"출세를 하려고 글을 배운단 말인가?"

"그렇습니다. 저는 글을 배워 꼭 높은 벼슬을 하고 싶습니다."

"그렇다면 돌아가게. 인간이 되지 못한 사람이 권력을 잡으면 수많은 사람이 고통을 당하는 법이네."

범양의 이 말에 청년은 발끈하여 소리쳤다.

"그렇다면 내가 인간이 되지 못했단 말입니까?"

"인근에서 자네의 불효를 모르는 사람은 없네."

청년은 더욱 화를 내며 따졌다.

"대체 그것과 글을 배우는 것이 무슨 상관이 있습니까? 불효를 한다는 이유 때문에 글공부를 하지 못한다는 것은 있을 수 없는 일입니다."

범양은 청년을 무섭게 쏘아보며 천둥처럼 소리쳤다.

"나는 부모에게 효도하지 않는 자는 가르치지 않는다. 그런 자는 개와 돼지 같은 금수이기 때문이다. 어찌 사람이 그런 금수를 가르친단 말이냐!"

이 청년은 범양에게 글을 배우기 위해서는 효도를 해야만 했다. 처음에는 마지못해 효도를 했는데, 계속하다보니 그만 습관이 되어 버렸다.

"사람이 어쩌면 저렇게 달라질 수가 있어요? 부모에게 너무 너무 잘하는 착한 사람이 되었어요."

"그래요, 정말 좋은 사람이 되었어요."

마을 사람들은 효도를 하게 된 불효자를 칭찬하기 시작했다. 밖에서 만나면 친절하게 대하였고, 함께 어울리기를 청했다.

'아아, 내가 지금까지 참으로 잘못 살았구나! 인간답지 못한 행동을 했기에 사람들이 따돌렸는데, 그것도 모르고 그들을 원

망했어.'

그 청년은 비로소 자신의 잘못을 깊이 반성하고 부모에게 진정한 효도를 하게 되었다.

"잘못을 저지른 후에 반성을 할 줄 알아야 사람이라고 할 수 있다. 그대는 진심으로 잘못을 뉘우쳤으니 다시는 불효하지 말라!"

그제서야 범양은 그 청년을 제자로 맞이했다. 이 소문이 널리 퍼져 배우려는 자들이 구름처럼 모여들기 시작했다.

범양은 제자들을 가르치는 한편 《논어》, 《맹자》 등의 수백 권의 책에서 사람의 마음을 밝게하고 깨우치게 하는 좋은 글귀를 모아 한 권의 책으로 엮었다. 바로 이 책이 《명심보감》인데, 사람에게 밝은 마음을 심어주는 보배로운 책이란 뜻이다.

◀참고▶

《명심보감·明心寶鑑》은 1993년, 중국 명 나라의 범양이 편찬했다. 범양은 입본(立本) 즉, 사람의 근본 뿌리를 세우는 선생이라 하여 '입본선생'이라 했는데 범양 스스로 '입본'을 자(字)로 정하였다.

범입본(范立本)이 편찬한 《명심보감》은 상·하 2권에 모두 20편, 총 776구절에 달한다.

그간 우리 나라에서는 고려 충렬왕 때 예문관제학을 지낸 추적(秋適)이 편찬한 것으로 전해져 왔으나, 이는 범입본 《명심보감》에서 주요 대목을 발췌하여 편집한 축소판이다.

《명심보감》은 전통 사회에서 아동들이 한문을 배우기 시작할 때 《천자문》을 익힌 다음 《동몽선습》과 함께 기초 과정의 교재로 사용되었다. 모든 수신 교과서를 총망라하여 사람이 사람답게 사는 길을 제시한 명구를 가려 뽑아 엮었다. 목판본과 석판본 등 10여 종이 있다.

◀ 제15화 ▶

울지 않는 종

    어느 나라에서 반란이 일어나 반란군이 정권을 잡았다. 이때 높은 관직에 있던 한 소녀의 아버지는 반란군에 가담하지 않는다고 그들에게 잡혀갔다.

    그들은 소녀의 아버지를 자기편으로 만들기 위해 온갖 협박과 설득을 다했으나 아버지는 뜻을 굽히지 않았다. 마침내 그들은 마을의 새벽 종소리가 울릴 때 소녀의 아버지를 처형키로 했다.

    소녀는 종지기 노인을 찾아갔다. 아버지를 살리기 위해 제발 내일 새벽 종을 치지 말라고 애원했다. 종지기 노인은 소녀의 아버지를 구하고 싶었지만, 반란군이 감시를 하고 있기 때문에 종을 치지 않으면 자기가 죽을 게 뻔했다. 소녀는 고뇌에 찬 노인의 눈빛을 등뒤로 하고 물러나왔다.

    다음날 새벽, 종지기 노인이 종을 치기 위해 줄을 힘차게 잡아당겼다. 그런데 웬 일인지 종소리가 울리지 않았다. 더 힘차게 줄을 당겼으나 마찬가지였다.

이때 반란군 대장이 헐레벌떡 달려와 종을 치지 않는다고 호통을 쳤다.

"아무리 종을 쳐도 소리가 나지 않습니다."

"뭐요? 그럴 리가 없소."

반란군 대장은 노인의 말을 믿을 수 없다며 직접 줄을 힘껏 잡아당겼다. 역시 종소리는 울리지 않았다.

그러자 반란군 대장은 종루 꼭대기로 올라가기 시작했다. 종지기 노인도 이해할 수 없다는 듯이 그를 따라 올라갔다.

종루 꼭대기에 올라간 반란군 대장과 종지기 노인은 깜짝 놀라고 말았다. 한 소녀가 종의 추에 몸을 묶고서 피투성이가 된 채 매달려 있기 때문이었다.

"아, 아니! 저, 저 소녀는 누구인가?"

반란군 대장이 떨리는 목소리로 이렇게 묻자, 종지기 노인이 슬픈 목소리로 대답했다.

"오늘 새벽 처형당하게 될 관리의 딸입니다."

그 말을 들은 반란군 대장은 눈시울을 적시며 소녀의 아버지를 사면토록 했다.

◀ 제16화 ▶

명창 박 효자

한라산 서북쪽 기슭, 완만한 경사지에 바다를 끼고 앉아 있는 한림읍 월림리에 박(朴)씨 성을 가진 효자가 있었다. 마을 사람들은 그를 '박당장'이라 불렀다.

박당장은 원래 소리를 잘하는 명창이었다. 그의 서편제(西便制)는 어찌나 구성지고 애잔했던지 듣는 사람의 심금을 울렸다. 그는 대갓집이나 잔칫집을 다니며 소리를 하여 늙은 부모님을 극진히 봉양하였다.

어느 해 초봄, 임금이 승하하셨다. 조정에서는 각 고을에 전령하여 소리꾼들을 국상(國喪)에 보내라고 명했다.

제주도에서는 단연 박당장이 꼽혔다.

"박당장은 국상에 참여하도록 하라!"

제주 목사의 지엄한 분부가 내려졌다.

소리꾼으로서 도를 대표하여 국상에 참여하는 것은 더 없는 영광이었다. 그러나 박당장은 기쁨보다 근심이 앞섰다. 왜냐하면 오랫동안 늙으신 부모님을 봉양할 수 없기 때문이었다.

'아아, 내가 한양에 가 있는 동안 부모님을 누가 봉양한단 말인가!'

날이 밝으면 한양으로 떠나야 하는 박당장은 시름에 겨워 바닷가로 나가 소리를 하기 시작했다. 그 소리는 참으로 구성지고도 슬펐다. 밤바다의 철썩거리는 파도마저 슬픔에 젖어 소리를 죽이는 것 같았다.

구곡 간장을 녹일 듯한 박당장의 소리는 바람을 타고 멀리멀리 퍼졌다. 사람들은 그 소리에 취해 잠을 이루지 못하고 연신 눈물을 찍어냈다.

"대체 이게 무슨 소리인고? 누구의 소리인데 이토록 사람의 심금을 울린단 말인가!"

이 소리에 잠에서 깨어난 제주 목사가 사령에게 물었다.

"한림의 소리꾼 박당장의 소리인 줄 아옵니다."

"박당장의 소리라니? 내일이면 국상 참여를 위해 한양으로 떠날 그 소리꾼의 소리란 말이냐?"

"그러하옵니다."

"그런데 이 밤중에 왜 저리도 슬픈 소리를 하고 있단 말이냐?"

박당장의 효성을 알고 있던 사령은 그 이유를 아뢰었다.

"박당장에게는 늙으신 부모님이 계십니다. 그가 국상에 참여하면 부모님을 봉양할 길이 막연하기 때문에 이리도 슬픈 소리를 하고 있을 것입니다."

사령의 말을 들은 제주 목사는 박당장의 효성에 감명을 받왔다. 그도 고향에 부모님이 계셨기 때문이었다.

　제주 목사는 곧 사령에게 명했다. 박당장이 돌아올 때까지 일용할 양식과 돈, 그리고 집안일을 도울 친절한 하녀까지 보내주었다.

　다음날 박당장은 다소 가벼운 마음으로 부모님께 하직 인사를 올리고 한양을 향해 길을 떠나 국상에 참가하게 되었다. 궁궐에 당도하여 그가 선소리를 하자, 전국에서 올라 온 소리꾼들이 명창이라고 칭찬을 아끼지 않았다.

　여섯 달만에야 국장이 모두 끝나게 되었다. 선왕(先王)의 뒤를 이어 왕위에 오른 임금이 특별히 박당장에게 상을 내렸다. 소리를 잘했다는 공로상이었다.

　"여봐라! 소리꾼들에게 수라상*과 똑같이 상을 차려 대접하도록 하여라."

　임금은 국상에 참가한 모든 소리꾼들에게 진수 성찬을 내렸다. 소리꾼들은 몹시 황감해 하면서 맛난 음식들을 먹기 시작했다. 그러나 박당장은 꿀떡꿀떡 침을 삼킬 뿐 일체 음식에 손을 대지 않았다.

　이것을 본 임금이 이상하게 여겨 그 이유를 물었다.

　"어찌하여 너는 음식을 먹지 않느냐?"

　"상감마마, 아뢰옵기 황송하오나 저에게는 고향에 늙으신 부모가 있습니다. 이렇게 귀한 음식을 대하고보니 부모님이 생각나서 차마 저 혼자만 먹을 수가 없습니다."

　"오오, 그대는 참으로 효성이 지극하도다! 과인이 별도로 네 부모께 드릴 음식을 내릴 터이니 염려말고 어서 음식을 들도록 하여라."

---

*수라상(水刺床): 임금님께 올리는 진지상.

"성은이 망극하옵니다, 상감마마!"

박당장은 성찬을 잘 먹은 후에 특별히 내린 음식을 가지고 궁궐을 나섰다.

때는 무더위가 기승을 부리는 한여름이었다. 여름의 음식물은 단 하루만 지나도 상하기 일쑤이다. 때문에 박당장은 귀한 음식이 상할까 봐 걱정이 태산 같았다.

"비나이다, 천지 신명이시여! 부디 이 음식이 상하지 않도록 보살펴 주시옵소서. 저의 부모님께서 이 음식을 잡수실 수 있도록 도와 주시옵소서. 제발……."

박당장은 천지 신명께 빌고빌며 걸음을 재촉했다. 여러 날 만에 부산까지 왔고, 또 목선을 타고 여러 날 만에 무사히 제주에 도착했다. 그런데 신통하게도 음식은 조금도 상하지 않은 것이었다.

이런 소문이 삽시간에 널리 퍼졌다. 제주 목사가 직접 그 음식을 조사해 보았는데 과연 소문과 다르지 않았다.

'하, 이자의 효성이 하늘에 닿았구나. 그러지 않고는 도저히 이런 일이 있을 수 없다.'

제주 목사는 이 사실을 조정에 보고했다. 임금은 소리꾼 박당장의 효성에 다시 한 번 감탄하고 효자문을 내렸다.

그로부터 제주 사람들은 박 효자라해서 박당장의 말을 거역하는 사람이 없었다. 또한 많은 사람들이 그를 본받아 부모에게 효도를 다했다고 한다.

◀ 제17화 ▶
저는 아버지의 명령을 절대로
어길 수 없습니다.

"잡아라, 저기 여우가 도망친다!"

"이랴 이랴!"

농장의 울타리 아래까지 쫓긴 여우는 몇 번 망설이더니 이내 홀쩍 담을 뛰어넘었다.

"히이이 힝 푸푸!"

여우가 울타리를 뛰어넘자마자 여우 사냥에 나선 사람의 말이 울타리에 도착했다. 그러나 살집 좋은 그 말은 여우처럼 울타리를 뛰어넘지 못했다. 그냥 울타리 아래에서 맴돌 뿐이었다. 한심스럽다는 듯이, 주저하는 말을 쳐다보던 말 주인은 별 수 없이 농장의 문 앞으로 달렸다. 문을 통해 들어가는 수밖에 달리 방법이 없었다.

문은 굳게 잠겨 있었고, 빗살무늬의 철제문 사이로 그 집의

아들인 듯한 소년이 허리에 두 손을 집고 당당히 서 있는 모습
이 보였다. 화가 난 듯 소년의 눈은 말 주인을 노려보고 있었다.

"꼬마야, 문 열어라. 빨리 열어!"

다급하게 외치는 말 주인의 소리 따윈 무시하고, 태양을 등지
고 말 위에 우뚝 올라 있는 그를 노려보았다.

"문을 열어드릴 수 없습니다."

"이 녀석아, 당장 열어. 여우가 도망쳐버린단 말이다."

"아버지의 분부예요. 절대로 그건 안됩니다."

사냥을 위해서 농장 안으로 들어가는 것을 소년은 허락지 않
았던 것이다.

너무나도 당당한 소년의 말에 잔뜩 화가 난 말 주인이 소리
쳤다.

"뭐라고? 이건 명령이다. 어서 열지 못해!"

꿈쩍도 안하는 소년을 향해 그는 다시 말했다.

"내가 바로 웰링턴 원수다. 알겠나? 명령이다. 어서 열어."

소년은 일시적으로 놀라움을 금치 못하고서 동그랗게 뜬 눈으
로 경례를 붙였다. 만족한 듯한 마음으로 웰링턴은 생각했다.

'녀석, 진작에 열 것이지. 이제 내가 누군지 알았으니 문은 곧
열리리라.'

이러한 마음과는 달리 전혀 예상밖의 말이 소년의 입에서 나
왔다.

"그렇지만 장군님, 그렇다고 해도 문은 절대 열 수 없습
니다."

"뭐라고? 나의 명령인데도?"

"네, 어쩔 수 없습니다. 아무리 장군님이라도 안됩니다. 아
버지께서는 남의 농장을 사냥터로 여기는 사람들 때문에 높다란

울타리를 치신 것이지요. 장군님께서 농부들의 어려움을 알아주시지 않는다면 어떻게 되겠습니까? 저는 절대로 아버지의 분부를 어길 수 없습니다."

웰링턴 장군은 고개를 끄덕였다.

"음, 그렇다, 과연 네 말이 옳구나! 나의 잘못이다. 참으로 훌륭한 교훈을 얻었다. 아버님께 용서의 말씀을 전해라. 그리고 언제까지나 그런 굳건한 마음을 지니도록 하여라."

웰링턴은 말머리를 돌렸다. 비록 여우는 놓쳤지만 마음은 흐뭇하기 그지없었다.

제18화

효불효교의 유래
孝不孝橋

신라 때의 일이다.

서라벌을 가로질러 남천이라는 강이 흐르고 있었다. 이 강의 북쪽에 있는 작은 마을에 일곱 형제가 홀어머니를 모시고 살고 있었다.

아버지가 일찍 돌아가신 까닭에 집은 가난하기 그지없었지만, 형제는 우애가 깊고 효성이 지극했다.

"어머님께서 우리들 때문에 지금까지 고생을 많이 하셨다. 그러니 이제는 우리가 어머님을 편히 모시도록 하자."

맏형은 늘 동생들에게 이렇게 타일렀고, 동생들은 맏형의 말을 마치 아버지의 말처럼 여기고 따랐다.

7형제가 성장을 하여 열심히 남의 집에 품을 팔기 시작하면서부터 집안의 형편은 한결 펴지게 되었다.

그러던 어느 겨울 밤이었다.

한밤중에 맏이가 잠에서 깨어났는데 어머니가 잠자리에 계시지 않는 것이었다.

'이 밤중에 어디를 가셨을까?'

맏이는 이렇게 생각했지만, 아마도 변소에 가셨을 것이라고 대수롭지 않게 여기며 다시 잠을 잤다.

그러나 그 이튿날 밤에도, 또 다음날 밤에도 어머니는 잠자리에 계시지 않았다. 7형제가 깊은 잠에 빠져든 틈을 타서 어디론가 갔다가 새벽녘에야 돌아오는 것이었다.

"어머니, 간밤에 어딜 다녀오셨어요?"

어머니가 자리를 비운 것을 눈치 챈 셋째 아들이 묻자 어머니는,

"내가 한밤중에 가긴 어딜 갔다고 그러니?"

하면서 얼굴을 붉히며 당황한 표정을 짓는 것이었다.

'이상하다!'

맏이는 어머니의 태도를 보고 이상하게 생각했다. 그러나 그런 내색을 하지 않고 며칠을 더 지켜보았다.

"오늘은 뒷산에 나무를 하러 가자."

맏이는 둘째와 셋째 동생을 데리고 집을 나섰다.

"형님, 요즘 어머니께서 이상하지 않아요?"

셋째가 말하자 둘째가 맞장구를 쳤다.

"그래요 형, 어제도 새벽녘에야 돌아오셨는데 몸이 꽁꽁 얼어 있었어요."

"음, 나도 걱정을 하고 있는 중이다. 어디를 다녀오시는지는 모르지만 이 추운날에 마실을 다니시다가 감기라도 걸리실까 걱정이다."

 맏형의 근심스런 이 말에 둘째가 다시 말했다.

 "형님, 오늘밤 우리가 어머니께서 대체 어디에 가시는지 살며시 뒤를 밟아 봅시다."

 맏형은 고개를 끄덕였다.

 해질 무렵 형제들은 저마다 자신들의 몸보다 월등히 큰 나뭇짐을 지게에 지고 집으로 돌아왔다.

 어머니는 먹음직스런 저녁상을 준비해 놓고 아들들을 기다리고 있었다.

 "아아, 피곤해라! 오늘은 잠이 잘 오겠다."

 저녁 식사를 마치자마자 셋째가 먼저 잠에 곯아떨어졌다. 그 뒤를 이어 형제들이 약속이나 한듯이 잠자리에 들었다.

 함박눈이 내리는 가운데 겨울 밤은 소리없이 깊어가고 있었다.

 아들들이 모두 잠든 체하고 있자, 어머니는 살그머니 일어나더니 밖으로 나갔다.

 "형님, 어머니께서 나가셨어요."

 둘째가 맏형의 귀에 대고 귓속말을 했다. 그러나 이때는 맏형을 비롯하여 모든 형제들이 깨어 있었다.

 "둘째와 나만 따라갔다가 올테니 셋째는 동생들과 자고 있거라."

 맏형과 둘째는 몰래 어머니의 뒤를 밟았다. 하얗게 쌓인 눈길에 어머니의 발자국만이 외롭게 찍혀 있었다.

 형제는 그 발자국을 따라가다가 졸졸 소리를 내며 흐르고 있는 남천에 이르렀다. 돌다리도 없는 시내에 이르러서 어머니의 발자국은 뚝 끊겨 있었다.

 "형님, 어머니께서 냇가를 건너가셨는가 봐요."

"그렇구나! 돌다리도 없는데……."

형제는 바지를 걷고 맨발로 첨벙첨벙 냇물을 건넜다. 차가운 물이 흐르는 냇가를 건너자 몹시도 발이 시렸다.

"으으, 발시려! 이렇게 발이 시렵고 추운데 대체 어머니께서는 밤마다 어디를 다니시는 걸까요?"

"글쎄, 어서 발자국을 따라가 보자!"

어머니의 발자국은 아랫마을의 한 초가집으로 이어져 있었다. 그 집은 마음씨 착한 홀아비가 살고 있는 집이었다.

모든 것을 알아 차린 맏이는 말없이 둘째의 손을 잡고 발길을 돌렸다. 다시 시냇물을 건널 때 둘째가 조용히 입을 열었다.

"어머니가 밤마다 이 시냇물로 건너 다니셔야 하는데, 얼마나 발이 시리실까! 형님, 어머니가 발 시렵지 않게 우리가 내일 다리를 놓아 드립시다."

"그래, 그거 좋은 생각이다."

형제는 이렇게 결심을 하고 집으로 돌아왔다. 동생들은 형들이 돌아올 때까지 잠들지 않고 있었다.

"형님, 어머님께서 밤에 어디를 가시는 거예요?"

셋째가 맏형에게 물었다. 맏형은 동생들에게 사실대로 말해줄 수가 없어 적당히 둘러댔다.

"응, 아랫마을에 사시는 친구 집에 가시더구나."

"아랫마을이라면 시냇물을 건너야 하잖아요?"

"그래, 그래서 내일 우리가 돌다리를 놓아드릴 생각이다."

맏형의 이 말에 동생들은 모두 찬성을 하였다.

다음날 아침 일곱 형제는 나무를 하러 간다고 집을 나와서 어머니 몰래 다리를 놓기 시작했다. 단단하고 널찍한 바위를 모은 다음, 시내 바닥을 작은 돌들로 잘 돋우고, 큰 바위를 일렬로 죽아, 나의 자식이여！
만약 네가 부모의 은혜를 느끼지 못한다면
너의 친구가 될 사람은 없을 것이다. 왜냐하면
부모의 은혜를 느끼지 못하는 사람에게 친절을 다한들
무익하다는 것을 알고 있기 때문이다.
소크라테스

늘어놓았다.

일곱 형제들은 한나절이 걸려서야 시내를 가로지르는 훌륭한 징검다리를 놓을 수 있었다.

"됐다！ 모두 고생들 했다. 이젠 어서 나무를 하러 가자."

형제들은, 자신들이 다리를 놓은 사실을 어머니가 눈치를 채지 않게 하려고, 부지런히 나무를 하여 밤이 되어서야 집으로 돌아왔다.

그날밤도 어머니는 아들들이 잠들자 집을 빠져나갔다. 시냇가에 이르러 막 신을 벗고 시내를 건너려하다가 징검다리를 발견했다.

"아니, 누가 여기에 다리를 놓았을까？ 발을 적시지 않고 건널 수 있게 되어 참 좋구나！"

이날밤부터 어머니는 신발을 신은 채 징검다리를 건너 아랫마을에 다녀올 수가 있었다.

그러나 세상에 영원한 비밀은 있을 수 없는 법이다. '낮말은 새가 듣고 밤말은 쥐가 듣는다'라는 속담처럼, 일곱 형제가 징검다리를 놓는 것을 본 사람에 의하여 그 소문이 널리 퍼졌다.

"아아！ 아이들이 어미를 그토록이나 생각하고 있었다니……."

어머니는 자식들의 효성에 감동했다. 그리고 아들들 보기가 부끄러워 쥐구멍에라도 숨고 싶은 심정이었다.

"아들들의 장래를 생각해서라도 다시는 이 징검다리를 건너지 않으리라!"

어머니는 자기의 행실을 깊이 반성하고, 그 후로 징검다리를 건너는 일이 없었다.

그로부터 마을 사람들은 이 다리를 효불효다리〔孝不孝橋〕라고 불렀다. 어머니에게는 효도가 되는 다리이나, 죽은 아버지에게는 불효가 된다는 뜻에서 붙여진 이름이다.

◀제19화▶

효자의 마음

　중국 삼국 시대 오(吳) 나라 사람인 육적(陸績)은 어린 시절부터 효성이 지극한 사람이었다. 그가 어느 대갓집에 볼일이 있어 가게 되었는데, 그 집에서 아주 특별한 대접을 받았다.

　'음, 바로 저것이 말로만 듣던 귤이로구나!'

　육적은 음식상에 놓인 귤을 보고 침을 꿀꺽 삼켰다. 그 당시의 귤은 아주 귀한 손님에게나 대접하는 과일이었기 때문에 보통 사람은 구경조차 하기 힘들었다.

　육적은 자기 몫의 귤을 주인의 눈을 피하여 재빨리 가슴에 숨긴 후에 다른 음식을 먹었다.

　볼일을 마치고 주인에게 하직 인사를 하는데, 품속에 숨겼던 귤 세 개가 바닥으로 굴러 떨어졌다.

　그 순간 육적의 얼굴은 흡사 홍시처럼 발갛게 달아 올랐다.

그것을 본 주인은 빙그레 미소 띤 얼굴로 말했다.

"나는 그대가 귤을 다 먹은 줄로만 알았는데 그게 아니었군. 손님으로 온 그대를 대접하느라고 일부러 귀한 귤을 내놓았는데, 어찌하여 그대는 먹지 않고 품에 숨겼단 말이오!"

육적은 안절부절못하며 간신히 입을 열었다.

"부끄럽습니다만, 지금 제 어머니께서 병석에 누워 계십니다. 하도 귀한 과일을 보니까 어머니께 드릴 생각이 간절하여 차마 저 혼자 먹을 수 없었습니다. 부디 용서하십시오."

육적의 말을 들은 주인은 크게 감격하지 않을 수 없었다.

이 일을 두고 세상에서는 '회귤 고사(懷橘故事)'또는 '육적회귤'이라 하였고, 부모에 대한 효성이 지극하다는 뜻으로 쓰게 되었다.

◀ 제20화 ▶

효자 열전

조선조 세종 때 충청도에서 '살부(殺父)'사건이 생겼다. 유교 윤리를 국가 윤리로 신봉했던 당시로서는 어마어마한 사건이 아 닐 수 없었다.

이 사건은 곧 조정에 보고 되었고, 사건의 전말을 들은 세종 임금은 깊은 탄식을 하며 안타까워 했다.

현명한 군주 세종은 그 사건으로 인하여 오래도록 괴로워하다 가 마침내 결단을 내렸다. 아들이 아버지를 죽은 천인 공노할 사건이 다시는 있어서는 안 된다는 뜻에서 충청도의 명칭을 '공 홍도(公洪道)'로 바꾸어 버린 것이다.

그뿐이 아니었다. 즉시 직제학 설순 등에게 명하여 《삼강행실 도·三綱行實圖》를 제작하게 하여 전국에 배포했다. 《삼강행실 도》란 한국과 중국의 서적에서 군신·부자·부부의 삼강에 모범이

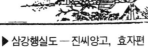

▶삼강행실도—진씨양고, 효자편   ▶삼강 행실도—누백포호, 효자편

될 만한 충신·효자·열녀를 뽑아 그 덕행을 찬양한 국민 교화서
적이다.

내용은 삼강행실 효자도·삼강행실 충신도·삼강행실 열녀도의
3부작으로 이루어져 있으며, 편마다 당대의 화가인 안견·최경·
안귀생 등의 그림을 넣어 내용을 한눈에 알아볼 수 있게 하
였다.

인쇄술이 발달하지 못한 그 시절에 그림까지 넣은 국민 교화
서적을 발행하여 배포한 것은, 먼 장래까지 생각하는 현명한 군
주의 통치 철학이 있기에 가능했을 것이다.

효자도에는 〈순 임금의 큰 효성〉을 비롯하여 역대 효자 110명
을 소개하고 있다. 다음은 그 중에서 간추린 것이다.

문왕과 무왕의 효도

문왕*(文王)이 세자로 있을 때 하루에 세 번씩 부친 왕계(王季)에게 문안했다. 닭이 처음 울면 옷을 입고 아버지의 침실 문 밖에 이르러 당직 시종에게,

"오늘 아바마마의 안부가 어떠시냐?"

하고 묻고서 시종이 편안하다고 하면 문왕은 몹시 기뻐했다. 한낮이 되면 또 가서 역시 그와 같이 하고, 저녁 때가 되면 또 가서 역시 그렇게 했다.

만일 편안치 못한 일이 있어 시종이 문왕에게 고하면 문왕은 신을 제대로 신을 겨를도 없이 쫓아갔다. 그러다가 부친이 전과 같이 음식을 들면 역시 평상시처럼 문안했다.

음식을 올릴 때에는 반드시 차고 따뜻한 것을 살폈다. 그리고 음식상을 물리면 잡수신 반찬이 무엇인가를 꼭 물어서 확인했다. 그렇게 묻고 확인한 후에 부친의 입맛에 맞고 건강에 좋은 음식만을 만들도록 분부했다.

문왕의 아들인 무왕(武王)의 효성도 아버지에 못지않았다.

문왕이 병이 나자 무왕은 의관을 벗지 않고 봉양했다. 문왕이 하루에 한 끼를 들면 자기도 역시 한 끼를 들었고, 문왕이 두 끼를 들면 자기도 역시 두 끼를 들었다.

공자는 이렇게 말했다.

"무왕과 주공(周公)은 그 효도가 지극하였다. 대체로 효도란 그 뜻을 잘 계승하며, 그 하던 일을 잘 따르는 것이다. 그런데 그들은 부모가 밟던 지위를 밟았으며, 그 행하던 예(禮)를 행했

---

*문왕(文王) : 기원 전 12세기경, 중국 주(周) 나라를 창건한 왕. 무왕(武王)의 아버지. 국정을 바로잡고 융적(戎狄·옛날 중국에서 일컫던 북쪽 오랑캐)을 토벌하여 천하의 3분의 2를 통일하였음. 성인 군주(聖人君主)의 전형이라 불림.

으며, 그 연주하던 음악을 연주했다. 부모가 존경하던 것을 공경했으며, 부모가 친하게 여기던 것을 사랑했다. 부모의 사망을 산 사람 받들 듯 하였으며, 돌아가시고 안 계신 부모 섬기기를 마치 살아계신 분을 섬기듯 공경하였으니, 이는 효도의 지극함이다."

왕상의 잉어

왕상(王祥)은 중국 진 나라의 사람으로 효성이 지극했다. 부모가 병중에 있으면 그 근심을 다하고 잠자리에서도 옷을 벗지 않았다.

어머니를 여의고 계모를 맞이하였으나 효성은 변함이 없었다.

어느 추운 겨울 병석에 누운 계모가 잉어를 먹고 싶다고 했다. 그 말을 들은 왕상은 얼음을 깨고 잉어를 잡으려 물속에 뛰어들려고 했다. 이때 그의 효성에 감동하여 갑자기 잉어 한 쌍이 튀어 나왔다고 한다.

맹종의 죽순

맹종(孟宗)은 중국 삼국시대 오 나라의 효자이다.

맹종의 어머니는 죽순을 무척 좋아하였다. 어느 해 겨울 병석에 누운 어머니는 죽순을 넣어서 끓인 국을 먹고 싶어 했다.

맹종은 죽순을 구하기에는 불가능한 겨울인데도 불구하고 열심히 죽순을 찾으러 다녔다.

"아아, 이 겨울에 죽순을 어디서 구한단 말인가!"

맹종은 죽순을 구할 수가 없어 대밭에 들어가 흐느껴 울며 하늘에다 애원했다. 이때 천지가 감동하였는지 갑자기 죽순이 솟아 났으므로 어머니께 죽순을 봉양할 수가 있었다.

하늘이 감격할 정도로 흐느껴 울었기 때문에 죽순이 솟았다고 하여 '읍죽(泣竹)'이라 했다.

또한 어머니가 돌아 가신 후, 겨울에 대숲에 들어 가 슬피 우니 죽순이 솟아나 그것으로 제사를 지냈다고 한다.

안정의 거상

안정(顔丁)은 중국 춘추 시대 노 나라 사람으로 특히 거상(居喪)을 잘했다.

안정이 부모상을 당했을 때는 하늘이 무너져내린 슬픔에 넋을 잃었다. 마치 부모를 구하려 애썼으나 구하지 못한 사람같은 그런 모습이었다.

빈소를 마련하여 지키는 안정의 태도는 차마 눈뜨고는 볼 수 없을만큼 가련했다. 마치 못내 부모를 좇고 싶었으나 좇지 못하는 것같은 그런 모습이었다.

이미 장사를 지내고 나서는 슬프게 여겨, 마치 부모를 도로 모시고 돌아오려다가 하지 못한 것처럼 탄식했다고 한다.

복 중에 제일가는 복은 인연복입니다.
인연 중에 제일가는 인연은 부모 자식간의 인연입니다.
그 인연을 소중히 하십시오.
부디 부모님께 효도하십시오.